今と未来の

利益を増やす

社長のための経営戦略の本

桐原浩一
Koichi Kunihara
経営コンサルタント

あさ出版

○本書の読み方

最初に、本書の読み方を説明しておきたいと思います。

読んでいてあまり面白くないページもあると思います。

わかりにくいページもあるかもしれません。

本書を読んでいただく中小企業経営者の方々に、きちんと理解し、実践をし、成果を生み出していただくために、面白くないページも、わかりにくいページも、是非、敢えてゆっくりと読んでください。

ゆっくりと理解しながら読んでいただくことで、経営戦略の実践についての理解が深まるはずです。流し読みをすると、理解できないまま読み進み、重要なポイントを読み落としてしまい、結局、何を実践するのかがわからなくなるかもしれません。

ゆっくりと読んでいただくことをお勧めします。

コラムは、売上に関する経営戦略とその活用について書いています。

本文中の大事な箇所、重要なポイントは、**太字と**①②…で表記しています。

○実践企業の実例

今からこの本でご紹介している経営戦略を実践した私のクライアントの取り組み事例をご紹介しましょう。

地域や業種、企業規模は違いますが、共通していることは、この本に書かれている経営戦略を実践していることです。

とは言え、事例でご紹介した企業は、私のいうことだけを実践しているわけではありません。その企業なりに工夫し、努力した結果だと言えます。

戦略や手法は決して万能ではありません。**大事なことは、その戦略や手法をどう自分の会社に活かし、どう実践を続けていくかです。**

一社でも多くの社長が、「まぁ一度、自分なりに取り組んでみるか」と思っていただけると、この7つの事例や文中で事例として使わせていただいた社長の方々も「役に立てて良かった」と喜んでくれるに違いありません。

事例1 運送業（40代社長・関西）

前作『会社にお金を残す経営の話』のモデル企業。

第二会社として、以前の会社の事業だけを承継。

設立時は少額の黒字であったものの、資金繰りは、設立から3年間、火の車。

【経営戦略　実践後の成果】

得意先別貢献利益、トラック別貢献利益から、選択と集中戦略で、採算性の悪い得意先との取引を撤退、縮小し、利益増加を図る。

固定費は予算実績管理を徹底。変動費は科目別に売上比率を毎月チェック。

予算実績数値を幹部社員と共有することで、幹部社員の行動が変化。

現在12期目、売上11億、経常利益1億5000万、内部留保3億超。

会社設立後からの売上増加率は276％。

経常利益の伸び率は806％。

現預金の増加率は617％。

金融機関からの借入条件は、金利0・2％、連帯保証人や担保提供はなし。

事例1 運送業の場合 経営戦略ビフォー・アフター

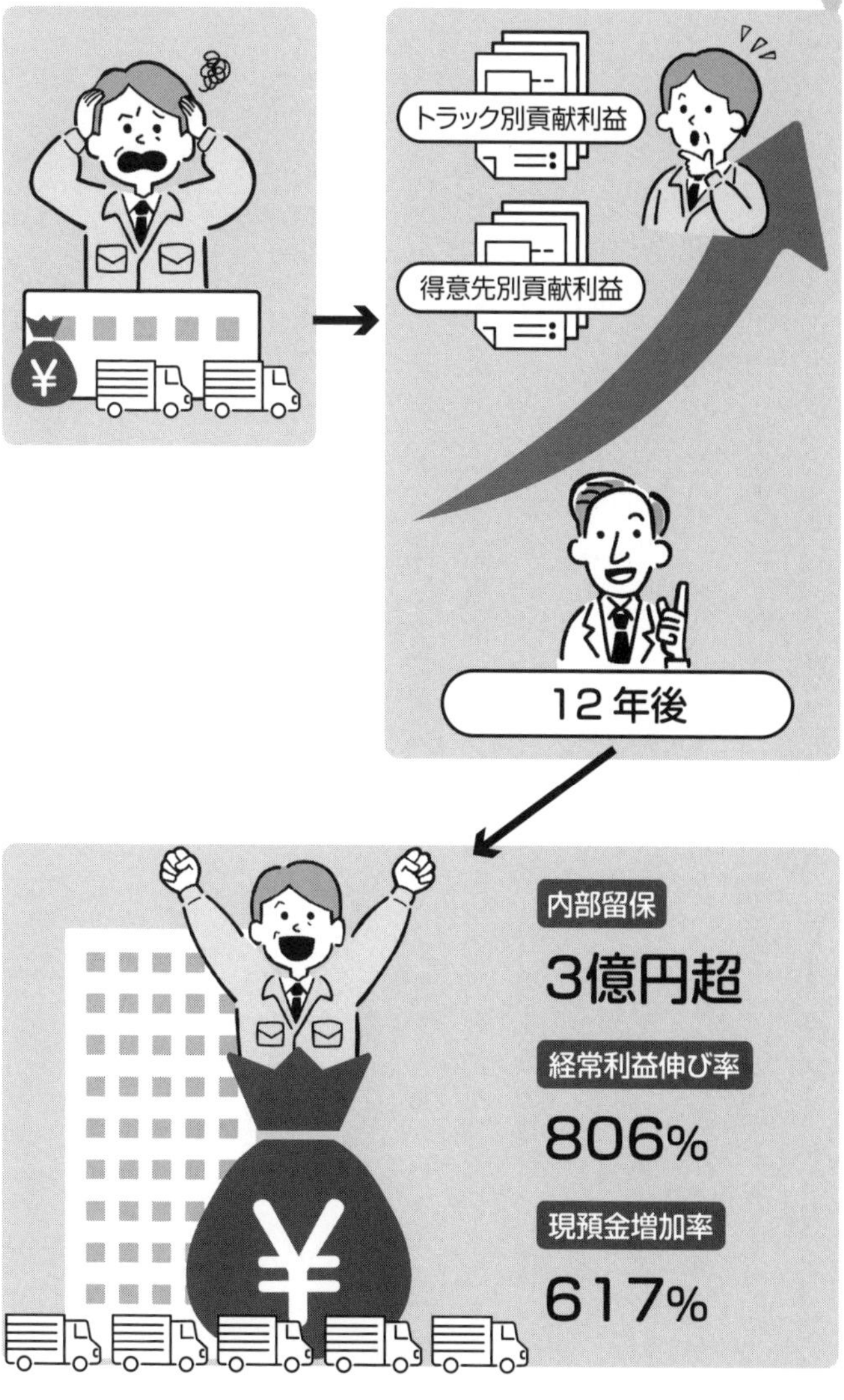

事例2

アパレル小売業（60代社長・関西）

２０１１年、コンサルティング開始当初は、小売店舗を多店舗展開し、売上高１億６０００万。毎月の資金繰りが楽になったことは少なく、月末になれば月を越せるかどうかを心配しながらの経営。お金は入ってくるが、すぐに出ていくという状態。

【経営戦略　実践後の成果】

店舗別貢献利益、店舗別収支に取り組み、採算の悪い店舗は撤退を進める。経営環境の変化に対応し、商品を再定義。レディースとメンズからキッズに主力商品を変更。その後、小売事業では存続と利益が望めないと判断し、事業を再定義。主力事業をアパレル小売から小売店舗の営業運営受託事業に転換。

また、社員の給与と責任、業績が連動し、働きがいが持てる労働環境を採用。

現在、売上は10年前とほぼ同じ１億６０００万で変わらないなか、経常利益は増加。事業の見直しにより、仕入と在庫がなくなったことで、資金繰りと限界利益が大幅に改善。資金繰りに困ることはなくなり、借り入れは２０２１年２月にすべて完済し、無借金経営に。事業承継プランも実行中。

事例2 アパレル小売業の場合 経営戦略ビフォー・アフター

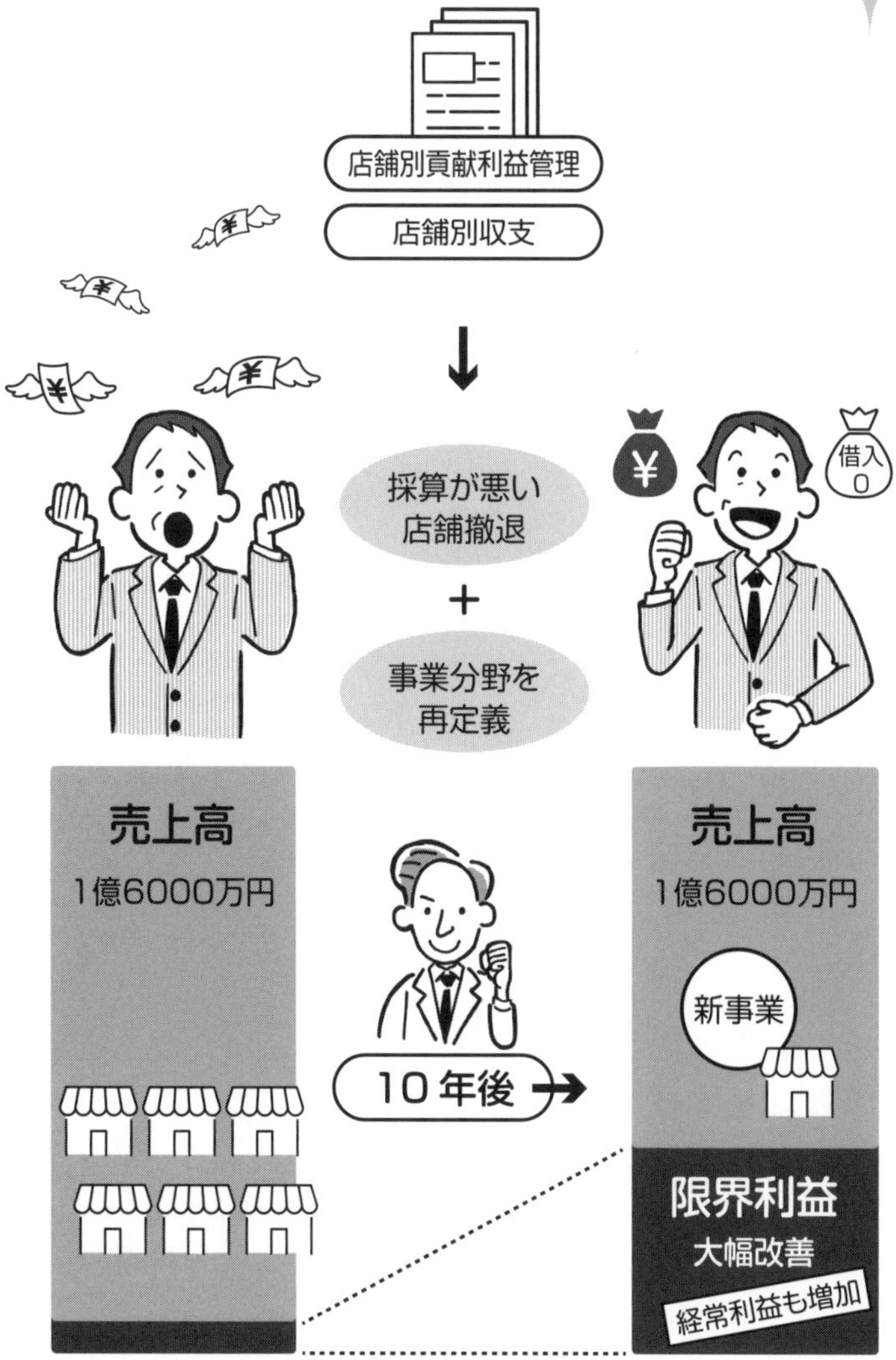

| **ギフト商品卸売業**　（60代社長・関西）| 事例**3**

返済のための借り入れを繰り返すようになり、長年にわたって決算を粉飾。２００９年、これ以上借り入れを続けて資金繰りを回していくことは難しいと考え、意を決し、返済を止め、会社を建て直すことを決意。当時の売上43億、経常利益３０００万、表面純資産1億５０００万、実態債務超過12億。

【経営戦略　実践後の成果】

２００９年のリスケ要請前から指導を開始。

会計事務所も変更し、拠点別貢献利益と商品別貢献利益に基づいた採算性管理、営業成果指標（ＫＰＩ）の実施により、翌年には過去最高益をたたき出し、1年で黒字化。

粉飾があったことから、リスケの時に「詐欺だ」と怒り心頭だった金融機関からは、「これからもしっかり支援しますよ」と全面支援を獲得。以降、赤字を計上することは一度もなく、毎期黒字を計上。

現在は金融機関からの信頼も厚く、資金繰りも安定し、預金も増加。事業承継に向けて取り組み中。

事例3 ギフト商品卸売業の場合 経営戦略ビフォー・アフター

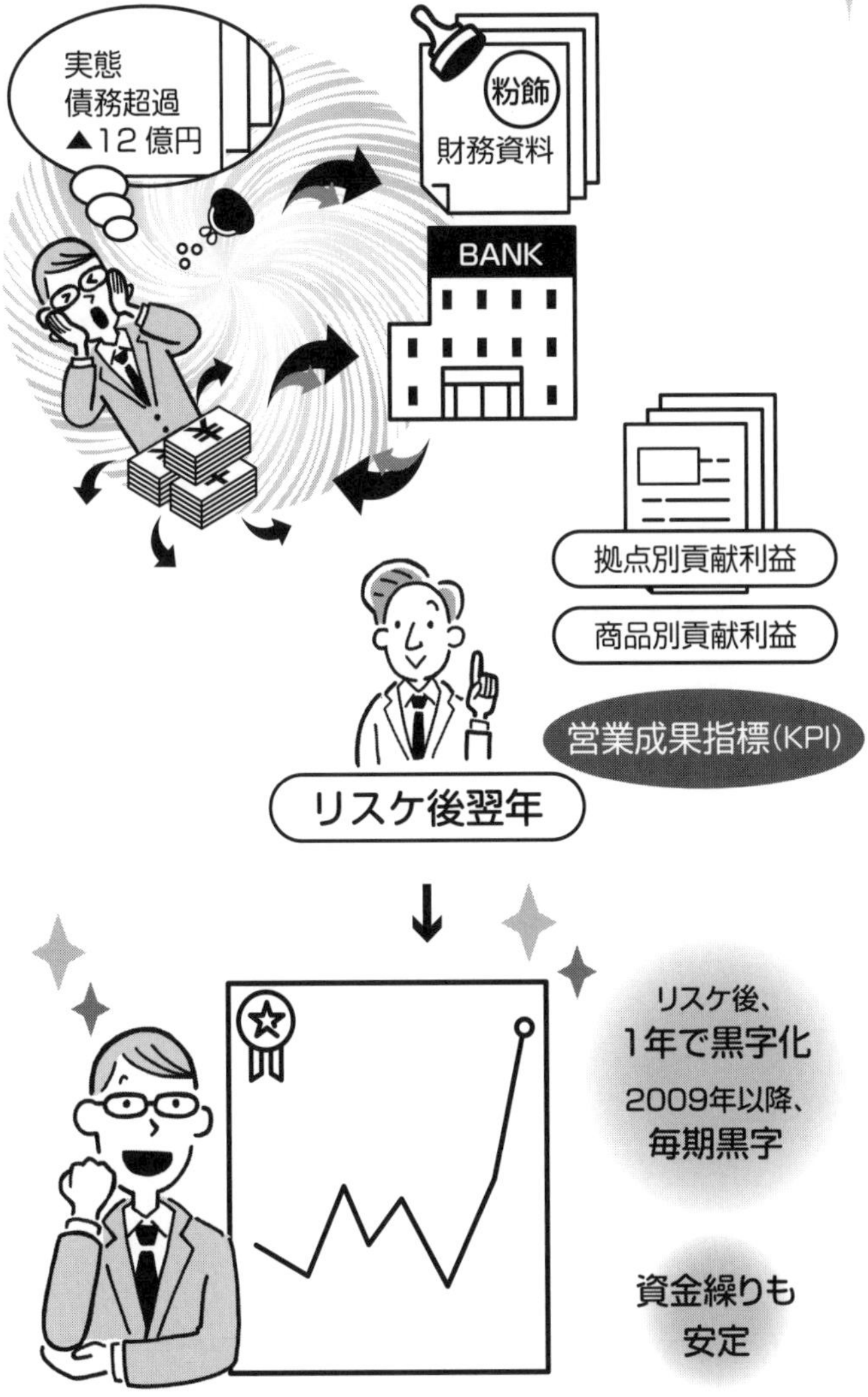

事例4 介護施設向け給食業（50代社長・関西）

決算書は前税理士のアドバイスで粉飾。実態は赤字。預金はゼロで資金繰りは困窮。

このような状態になった大きな原因は、税理士による無責任な会計帳簿の作成と粉飾決算。決算書は、ＢＳ（貸借対照表）もＰＬ（損益計算書）もぐちゃぐちゃの状態。

当時の売上は、１億３５００万。

【経営戦略　実践後の成果】

２０１７年、財務実態もつかめない中、指導を開始。同時に会計事務所も変更し、施設別貢献利益、ＦＯＲＥＣＡＳＴ管理に基づいて、毎月改善テーマを決めて、改善を実施。

結果、直近の２０２０年決算では、売上2億４０００万、経常利益は４００万、定期預金は４０００万。

現在は資金繰りに困ることもなくなり、利益と預金ともに増加中。

事例４ 介護施設向け給食業の場合 経営戦略ビフォー・アフター

事例 5

旅館ホテル業（60代社長・東北）

認定支援機関の税理士コンサルタントグループが関与。しかし、4期連続赤字。直近期では、経常利益率▲16％の大赤字で、リスケ中。

2019年指導開始時の直近決算は、売上10億、借り入れ16億。

【経営戦略　実践後の成果】

客室別貢献利益と館別貢献利益から、お金と人の「選択と集中」を実施。また、事業分野と商品の再定義により、旅館ホテル業を宿泊業、料理製造業、レストラン運営業、商品販売業に細分化。これにより、客室の販売単価と市場を見直し高単価販売に成功。調理場の生産性の向上に取り組み、調理利益を管理。コンサルティング開始後8カ月で、5年ぶりに月次黒字を実現。

新型コロナウイルスの影響を受けて売上が減少したときでも、借り入れをせずに、自力で資金繰りが回せる状況にまで再建。

経営環境の変化に適応するよう再定義した事業分野と商品に基づいたKFS（成功要因）の獲得、収益体質の改善に取り組み中。

事例5 旅館ホテル業の場合 経営戦略ビフォー・アフター

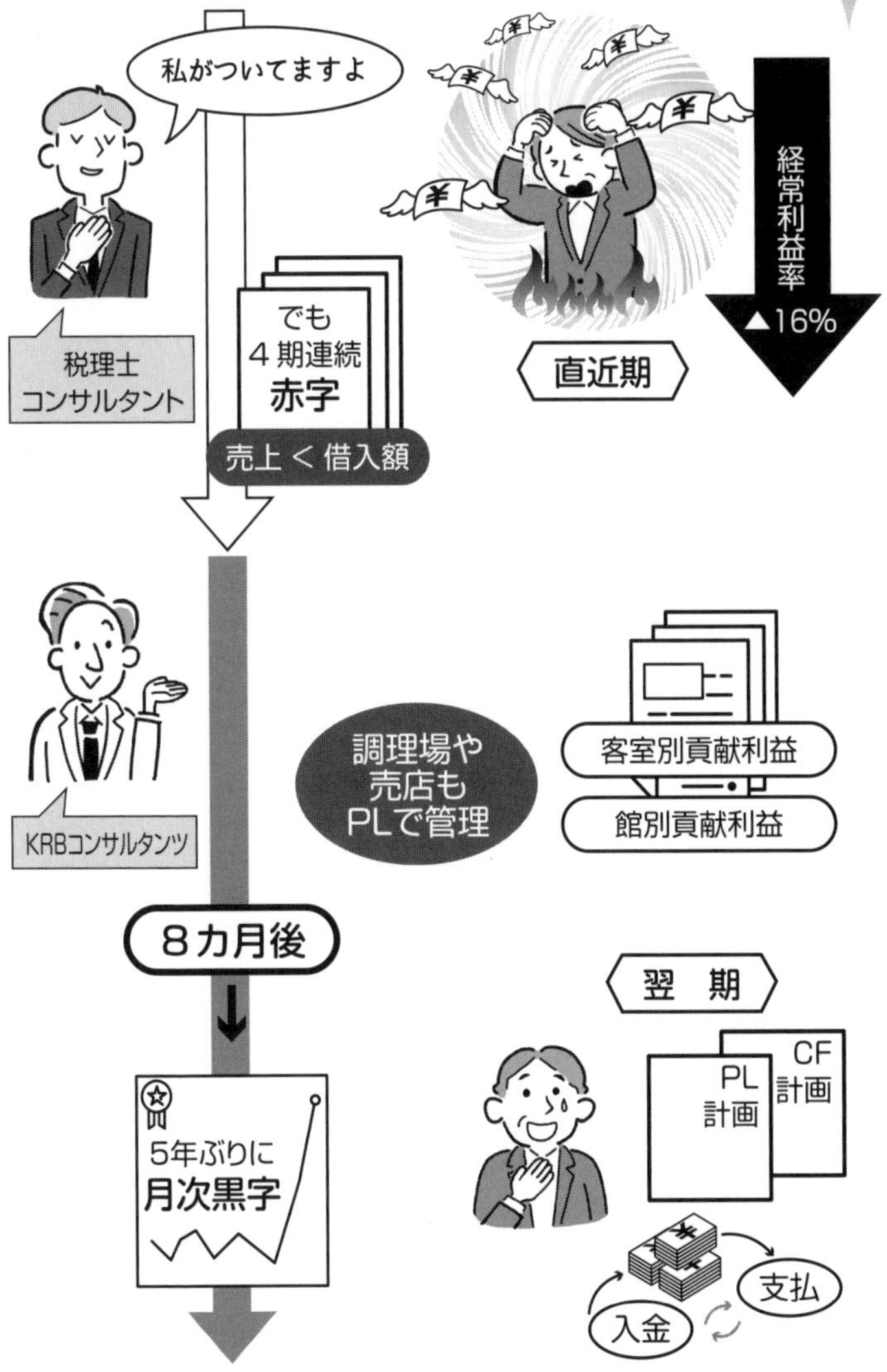

事例6　広告業（40代社長・東京）

売上が40億、35億と年々減少するなか、借入過大、資金繰り困窮から2019年、当社に相談。

資金繰りをまわすために借り入れも検討したが、これ以上借りても返せないと判断し、リスケを選択。ただちに金融機関にリスケを要請。

多額の回収不能債権などもあり、実態BSは悪化。

【経営戦略　実践後の成果】

売上は、新型コロナウイルスの影響もあり、さらに25億に減少するなか、プロジェクト別貢献利益管理とプロジェクト別回収支払管理、FORECAST管理、人員削減を含む思い切った経費の削減に取り組み、1年を待たずに黒字化。

また、リスケからも脱却し、金融機関との取引も正常化。

現預金残高も増え、毎月の資金繰りも安定。

経営体制を刷新し、事業分野と商品の再定義によるKFSの獲得に向けて取り組み中。

事例6 広告業の場合 経営戦略ビフォー・アフター

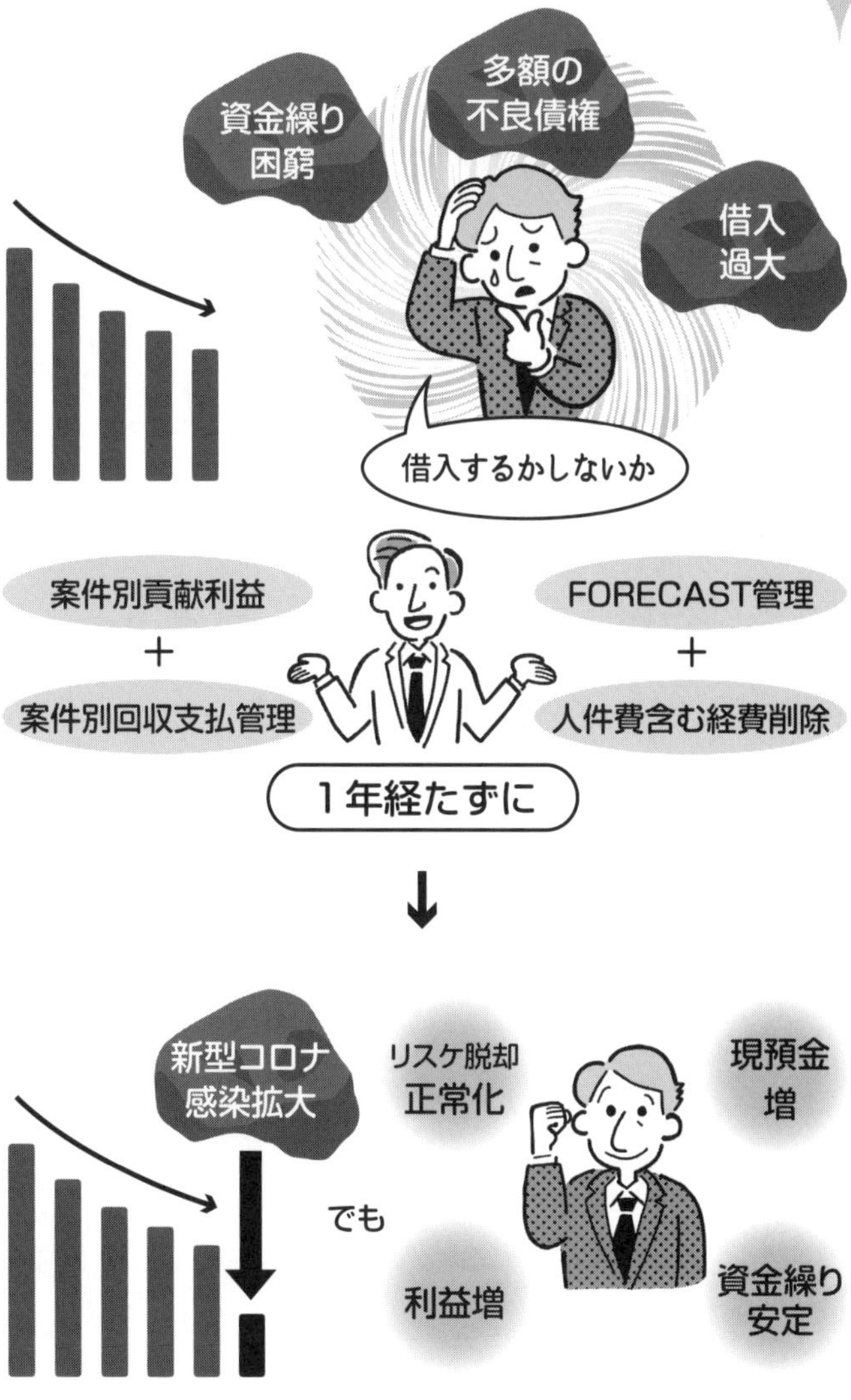

事例7 アルミ部品製造加工業（60代社長・関西）

借り入れの90％以上をメインバンクが占めるなか、売上が減少し、資金繰りが苦しくなってきたことから、２００３年当社に相談。

【経営戦略　実践後の成果】

新たな借り入れをしても返済が難しいということから、リスケを要請。

経費削減と同時に、売上の確保に取り組み、営業担当の社長の努力もあって売上は増加。

ところが、いっこうに資金繰りの苦しい状況から脱することができず、逆に売上が増加したことで、資金繰りがさらに悪化。

原因は、売上の増加に際して、利益率の低い仕事を受注したことによる利益の低下。

得意先別、製品別貢献利益の把握ができないという事情から、改善の方向性を限界利益率と限界利益額のアップとし、改善指標を設定。

進捗管理を毎月実施し、資金繰りは好転。ここ数年は、手形を割り引くこともなく、資金繰りも困らない状況に。事業承継の取り組みを開始。

事例7 アルミ部品製造加工業の場合 経営戦略ビフォー・アフター

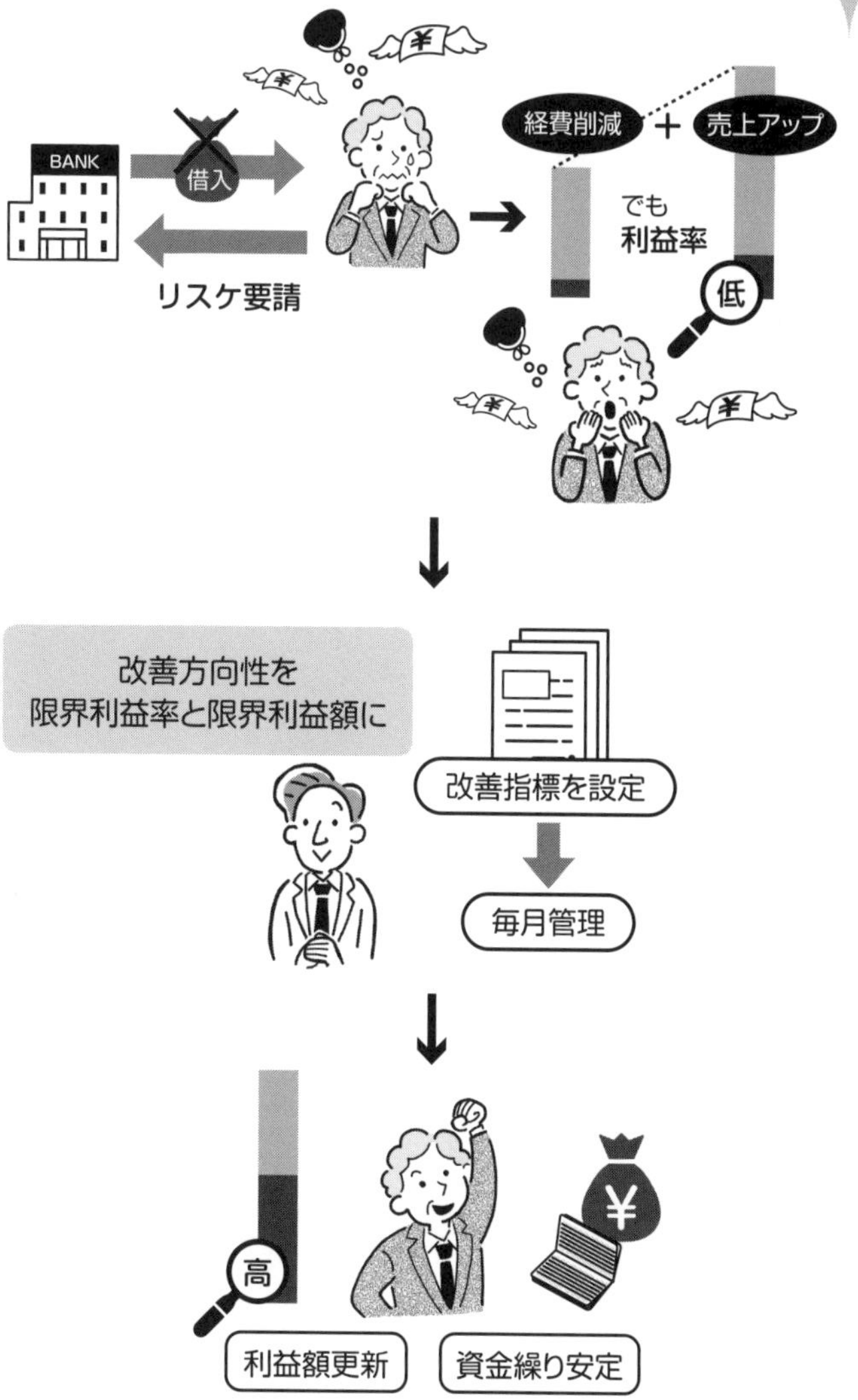

はじめに

この本は、中小企業経営者を対象に、今と未来にわたって会社の利益を増やし、その利益を保証してくれるものを明確にして、それを手に入れる方法を書いた、社長のための実務書です。

本のタイトルに、「社長のための経営戦略の本」とあります。

経営戦略の本というと、経営戦略を学びたい人や経営企画の人たちが読む本かと思われるかもしれません。しかし、この本は一般でいうところの経営戦略の本ではありません。

あくまでも、中小企業経営者の方々が、利益を増やし、存続を実現するための考え方や方法を書いた本です。

ではなぜ、「経営戦略の本」としたのか。

それには、次の理由があります。

本書には、ピーター・F・ドラッカーやT・レビット、イゴール・アンゾフ、ジェイ・エイブラハムなどの世界最高レベルの頭脳を持つ学者やコンサルタントの理論や戦略が出てきます。

この世界最高といわれる人たちが、研究や実践を尽くして、再現性のある法則を見出し、それを知識として体系化しているのが経営戦略、経営理論といわれるものです。

これだけのことを、私たち中小企業経営者が見出すことは不可能です。であれば**素直に、彼らの教えにしたがって実践するのが賢い経営者**です。

ただ一つ大事なことは、やるのであれば、結果が出るまで必ずやりきることです。途中で止めてしまうようであれば、いくら世界最高レベルの智慧による戦略でも効果はありません。

経営戦略というと、大企業だけが活用しているような印象があり、中小企業では、経営戦略よりも、目の前の資金繰りや売上アップに関心が高いように思います。

資金繰りや売上アップはたしかに重要です。「資金繰りが苦しい」「売上が下がっている」というのは、大変な問題です。

・資金繰りが苦しいから、銀行からお金を借りる
・売上が下がっているから、とにかく売上を上げるために、営業を強化する

このように、目の前の問題に対して対処し解決することも重要ですが、もっと重要なことは、

☞資金繰りが苦しくなった原因を把握し、同じことが起きても資金繰りが苦しくならない会社に体質を改善する
☞売上が下がった原因を究明し、今後は、売上が下がらないよう、事業分野や商品を見直す

この2つのはずです。

これらはどれも、企業経営において起きる問題を想定し、先手を打つことで起きる問題を小さくし、ひいては起きないよう防ぐことが重要だということを意味します。

本書では、経営戦略によって先手を打ち、企業の存続を獲得するだけでなく、売上を大きく伸ばした会社の事例も挙げています。

経営戦略は、このためにあるのです。

経営戦略こそ、中小企業のためにあると思うのです。

資金繰りで困らない会社、売上で困らない会社を作るために、経営戦略という世界最高レベルの武器を使うのです。

経営戦略は、企業の成長のためだけに活用されるものではありません。

経営戦略は、目標達成のためだけでなく、起きる問題を極小化し、問題の発生を防ぐ役割も担ってくれます。

経営戦略こそ、中小企業経営を変えるものであり、是非、中小企業経営者の方々には学んでいただき、そして策定し実践していただきたいと思っています。


本書では、主に次の2つの経営戦略について書きました。

1 〝今〟のあなたの会社の利益を増やす戦略
2 〝未来〟のあなたの会社が存続し利益を増やす戦略

「今の利益と未来の利益・・・。　ん？　今の利益と未来の利益は別のものなの？」

と思う人がいるかもしれません。

詳しくは本文にありますが、今の利益をいくら上げても、未来の利益は保証されませんし、未来の存続も同様に保証されません。

今の利益と未来の利益や存続は、全く別のものだということです。

ところが、「今の利益と未来の存続について、どうすればいいのか」を明確に示している書籍やネット情報はほとんどありません。経営戦略に関する書籍はたくさんありますが、経営戦略を、今と未来の中小企業経営に、どう活用するのかということを教えてくれる書籍は、ほぼ見当たらないのが実状です。

企業は、存続することが「使命」です。

存続するための条件が「利益」です。

この利益を、今の会社に生み出すための戦略、そして未来の利益と存続を手に入れるための戦略を本書で伝えることができれば幸いです。

本書でご紹介する内容は、誰もが初めて聞くようなことではありません。

コンサルタントや会計の専門家であれば、一度は聞いたことがあるはずです。

この多くの人が知っている知識や手法で、赤字企業の9割を黒字にし、利益とお金を増やし、企業の存続を実現してきた、その活用法について解説しています。

ここでお伝えする私の考えに対し、コンサルタントや専門家からすれば、自分たちの知識や考えを否定されていると思い、拒否反応や批判が出てきても不思議ではありません。

それでも、この本を読んだことをきっかけにして、今と未来の会社の利益を増やし、存続を実現する経営者が増え、その会社の雇用が維持され、働く社員とその家族の生活が守られ、「この会社で働いてきてよかった」という笑顔の社員と「経営してきてよかった」という笑顔の経営者が増えることを心から願っています。

2021年5月

梱原　浩一

第1章 利益とお金の話

第2章 "今"のあなたの会社の利益を増やす

第3章 〝未来〟のあなたの会社の利益を保証する

4 「正しい経営戦略」を見つける 138

第4章　経営戦略の実践と落とし穴

※本文イラスト　長縄キヌエ

利益とお金の話

第1章

第1章では、経営戦略を活用して、今の利益を生み出し、未来の利益と存続を獲得することについて、お話をする前に共有しておきたいことがあります。

まず、利益とお金の関係についてです。そして、そのあとに利益の生まれる場所。最後に、利益を減らす売上です。

これらは、いずれも企業経営の基本中の基本です。このことを理解している経営者は少ないようです。少ないからこそ、あなたは他の経営者と差別化できるチャンスがあります。

1

利益とお金の正しい関係

利益とお金

経営戦略についてお伝えする前に、会社が生み出す利益とお金は、どのように関係しているのかを読者の方と共有しておきたいと思います。

利益には実体がありません。

誰も利益というものを見たことも、手でつかんだこともないはずです。

それでも私たち経営者は、この利益を追い求めます。

利益を手に入れることができれば、手にするお金も増えるとわかっているからです。

ところが、「利益は増えたのに、意外とお金は増えていない」という声を経営者の方からよく聞きます。

これは、利益の増え方とお金の増え方が一致していないことを意味します。

利益を計算する損益計算書（本書では、ＰＬと呼ぶことにします）は、「発生主義」で計上され、お金の残高を表す資金繰り表は、「現金主義」で計上されます。

また、ＰＬには減価償却という支出のない経費があり、さらに期首棚卸よりも期末棚卸が増加することで利益が増え、掛け売りや掛け支払といった入金・支払が、売上・費用の計上時期と一致していない……など、利益とお金が一致しない理由はいくつもあります。

「利益は増えたのに、意外とお金は増えていない」というときの理由は、おおよそこういう理由が多いようです。業種やビジネスモデル、顧客や仕入先との取引条件などにもよりますから一概には言えませんが、とくに損益と資金繰りに大きな出来事がなければ、おおむね６カ月や１年といった期間損益と収入支出の差異であるキャッシュ残は、近い数値になる会社も多くあります。

利益と節税

これに対し、経営で起きてはいけないのは、「利益は増えたのに、お金は減った」です。

利益とお金は、比例関係にあります。会社に残るお金は、利益が増えれば必ず増え、利益が減れば減るようになっています。

改めて聞けば誰もが当たり前のことだと思うのですが、PLや資金繰り、BSを見ると、当たり前になっていない会社が意外と多くあります。

利益は増えたのに、お金は増えるどころか減るというのは、お金の使い方がおかしくなっている証です。この場合、PLに表れないお金の動きがBS（貸借対照表のこと。本書ではBSと呼びます）に表れているはずです。

売掛債権が増えていたり、買掛債務が減っていたり、棚卸が大幅に増加していたり、貸付金や前渡金が発生していたり…。

さらに私たち経営者は、自らお金を減らしています。

それは、節税です。

節税は、納税を回避するための手段ですが、同時にお金を減らす原因にもなります。

利益とお金は一体ですから、節税は利益だけでなく、お金も減らしてしまうのです。

節税とお金

また、節税は経営者に大きな誤解を与えています。

それは、納税を回避して節税をすれば、会社にお金は残るという勘違いを経営者に与えているということです。残念ながら、このようなタイトルで経営者の気持ちをあおっているような書籍も少なくありません。

このような書籍や節税を営業に掲げる税理士やコンサルタントの影響で、「納税は避けるべきだ」「節税して、お金を残すべき」という勘違いが起き、納税ではなく節税を選択する節税経営者が減らないのです。

こういう私自身も節税経営者の一人でした。

私が本書で事例に挙げているクライアントから学んだ事実があります。

それは、**納税するとお金が貯まる**という驚きの事実です。

納税を回避したい人にとって、納税することで会社にお金が貯まることは理解できないかもしれませんが、事実です。

納税額を減らしたいという気持ちから節税という言葉に負けて、私たちは、自ら会社の利益を減らすことを行ってしまいますが、節税はキャッシュアウト（支出）を伴います。利益も減る代わりに、お金も減ってしまいます。

何年か先にそのお金が戻ってくるという節税策もありますが、キャッシュアウトした額が１００％以上で戻ってくる方法は、節税にはありません。あるとすればそれは投資です。


「利益を出さずに、お金を残す」

こんなことは利益とお金の法則に反しています。

利益とお金の法則は、**「利益とお金は一体」**です。

利益が増えれば手元キャッシュも増えるのです。

過度な節税をせずに利益を何年も積み上げてきた会社と、節税ばかりしてきた会社が残すキャッシュの差は、月日が経つほど歴然です。過度な節税はキャッシュだけではなく、自己資本も増やしてくれません。

税金の例を挙げてお金に対する考え方をお伝えしました。


「利益は増えたのに、お金は増えていない」

「棚卸の数値が正しくない」

「売上に比べて、棚卸資産が多い」

「関係会社に貸付があり、塩漬けになっている」

「焦げ付いている貸付がある」

「前渡金が塩漬けになっている」

「流動資産に不良資産が含まれている」など。


これらは、会社の体質を表しています。

よく「体質を変える」と言いますが、体質は、行動習慣の結果です。

行動習慣は、考え方によって決まります。

私たち経営者が、利益とお金に対する考え方を変えることで、お金の使い方が変わり、会社の財務体質が変わり始めるのです。

利益とお金は一体である

利益は、徹底的に増やす

お金は、正しく使う

資産科目は、正しく計上する

このような行動の結果、利益とお金は一体となり、利益と比例してお金が残るようになることを知っていただきたいと思います。

2 利益はどこから生まれるのか

利益の生まれる場所

「利益はどこから生まれるか、知っていますか？」

こう質問をすると、大抵の経営者は次のような式を思い浮かべるのではないでしょうか。（次ページ）

PLでは、売上から費用を差し引きし、残ったものが利益です。

利益は、原価から生まれるのでもなく、販管費から生まれるのでもなく、売上が生まれた瞬間から売上の中にあります。

要約ＰＬ

	売上高
（－）	売上原価
	売上総利益
（－）	販売費及び一般管理費
	営業利益
（＋－）	営業外収支
	経常利益

売上から、原価や販管費を取り除いていくと、最後に残っていた利益が現れるということをＰＬは表しています。

売上－原価－経費＝利益

売上はどこから生まれるのか

では、「利益を含んでいる売上は、どこから生まれているのでしょうか？」

売上は、「顧客」と「商品」から生まれていると言えます。

顧客がなければ、売上は発生しません。

また、商品もなければ、売上は発生しま

せん。

どちらか一方だけでなく、「顧客」と「商品」の両方があってこそ、売上は生まれると言えます。

ドラッカーは、次のように言っています。

企業のあげる利益にしても、それをもたらすのは顧客だけである。

『マネジメント』

これは、コストに対する利益についての文章の一部で、会社の中にはコストしかなく、顧客が商品・サービスの対価として支払を行ったとき、コストは売上として回収され、利益をもたらすことを意味しています。

ここまでの話をまとめると、次のようになります。

利益は売上の中にあり、

売上から原価や経費を削り取った残りが利益、そして、その売上は顧客と商品から生まれる

「販売活動や営業活動も売上を生み出しているのではないですか？」という意見もあるかもしれません。

たしかに、販売活動や営業活動も売上を生み出すのに一役買っていますが、売上の源泉である顧客は、商品の価値に対価を支払っています。

顧客は、商品の価値がないにもかかわらず、「販売活動や営業活動が上手だから、その商品を買うよ」とは言ってくれません。

販売活動、営業活動は、顧客と商品を結びつける手段であって、それ以外の役割はないのです。（次ページ）

売るための活動のことを「販売活動」といいますが、売るための活動は何もせずに、

顧客と販売活動と商品の関係

商品を置いておくだけで、その商品を顧客が買って……ということもあります。

地方に行けば、道端に木箱を置いて、その中に野菜を入れ、木箱の横にあるお金の入れ物にお金を入れて、野菜を持っていってください！　というのを見かけたりします。

この場合、販売活動らしい活動はなにもしていません。

道端に野菜を置いてあるだけです。

需要があれば、供給するだけで商品が売れていくことの典型的ともいえます。

販売活動や営業活動は、その成果を最大化しようとするものです。

3

誰にでもできる！利益を増やす売上の見つけ方

利益を増やす売上はここにある

「利益は売上の中にあり、その売上は顧客と商品から生まれる」ということをお話ししました。

この「顧客」や「商品」というものは、会社の中にどれだけの数があるのでしょうか？

おそらく、一つの商品しか取り扱っていない、一社としか取引をしていないという会社はないと思います。

顧客や商品の数が、数十以上、数百、数千ある会社も少なくないのではないでしょうか。

この数十、数百、数千ある顧客や商品が、それぞれ同じだけの売上を上げていることはあり得ません。

一つの会社の中においても顧客や商品によって、それぞれ生み出している売上の大きさはまちまちのはずです。

売上の大きさがまちまちだということは、売上の中に含まれている利益の大きさもまちまちのはずです。

このことから、今すでに大きな利益を生んでいる顧客や商品を見つけ、そして、今生んでいる利益は小さくても、今後その利益を大きく増やす可能性のある顧客や商品を見出すことができれば、同じ利益を増やす行動をするにしても、効果的に利益を増やすことができるのです。

すなわち、

①我が社の顧客は、どれだけの売上と利益を生んでいるのか

②我が社の商品は、どれだけの売上と利益を生んでいるのか

③我が社で大きな利益を生んでいるのは、どの顧客で、どの商品なのか
④今後、利益を増やせる可能性があるのは、どの顧客と、どの商品なのか
⑤これらの顧客と商品の売上を伸ばす方法を検討する

「なんだ、簡単なことだ」と思ったあなた、実は、これが意外と簡単ではないのです。

すでに、顧客別や商品別の管理は、多くの会社で実行されています。

ところが、その管理方法が間違っているために、売上を伸ばし、利益を増やすことにつながっていないのが実情です。

まさに、利益を生み出す経営戦略を知らないことによる結果です。

4

利益を増やす売上と利益を減らす売上

売上が増えても利益は増えない

先ほど、利益を増やす売上として、

①顧客別と商品別の売上と利益を把握し、

②すでに大きな利益を生んでいる顧客や商品の売上を伸ばし、

③今後、利益を増やす可能性のある顧客や商品の売上を伸ばす

ということをお伝えしました。

ここからは、もう少し詳しく売上の上げ方についてお伝えしたいと思います。

売上の上げ方にも、**利益を増やす売上の上げ方と利益を減らす売上の上げ方がある**

からです。ただ単に売上を増やすだけでは、利益が増えるとは限らないのです。

売上1億の製造業
材料費が40％（これは変動費です）
固定費6000万　の会社で考えてみます

売上高1億
変動費率　40％　…　変動費は4000万
固定費は6000万ということは、
経常利益は0

売上１億　変動比 4000 万　固定費 6000 万の製造業

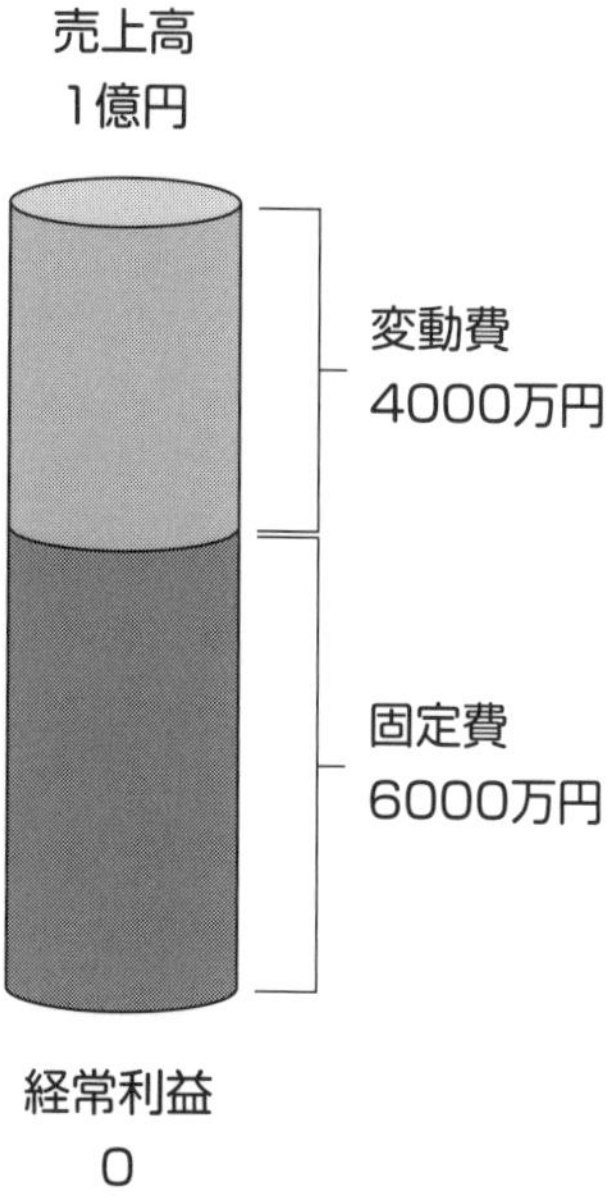

この会社が、利益を増やしたいと思い、売上を増やしたとします。

売上高　1億　↓　1億3000万

30%アップの売上1億3000万を実現できた！
このとき、経常利益はいくらになる？

利益を減らす売上

売上を1億から1億3000万に増やせば、利益も0から1800万に増やすことができました。（次ページ）

しかし、必ずしも売上を増やせば、利益も増えるとは言えないのです。

売上は増えたのに利益は減少し、赤字になってしまうこともあるのです。

売上１億を１億3000万に伸ばしたときの経常利益

売上を伸ばす前

（単位：円）

売 上 高	1億
変 動 費	4000万（40％）
限界利益	6000万
固 定 費	6000万
経常利益	**0**

➡

売上を伸ばした後

（単位：円）

売 上 高	1億3000万
変 動 費	5200万（40％）
限界利益	7800万
固 定 費	6000万
経常利益	**1800万**

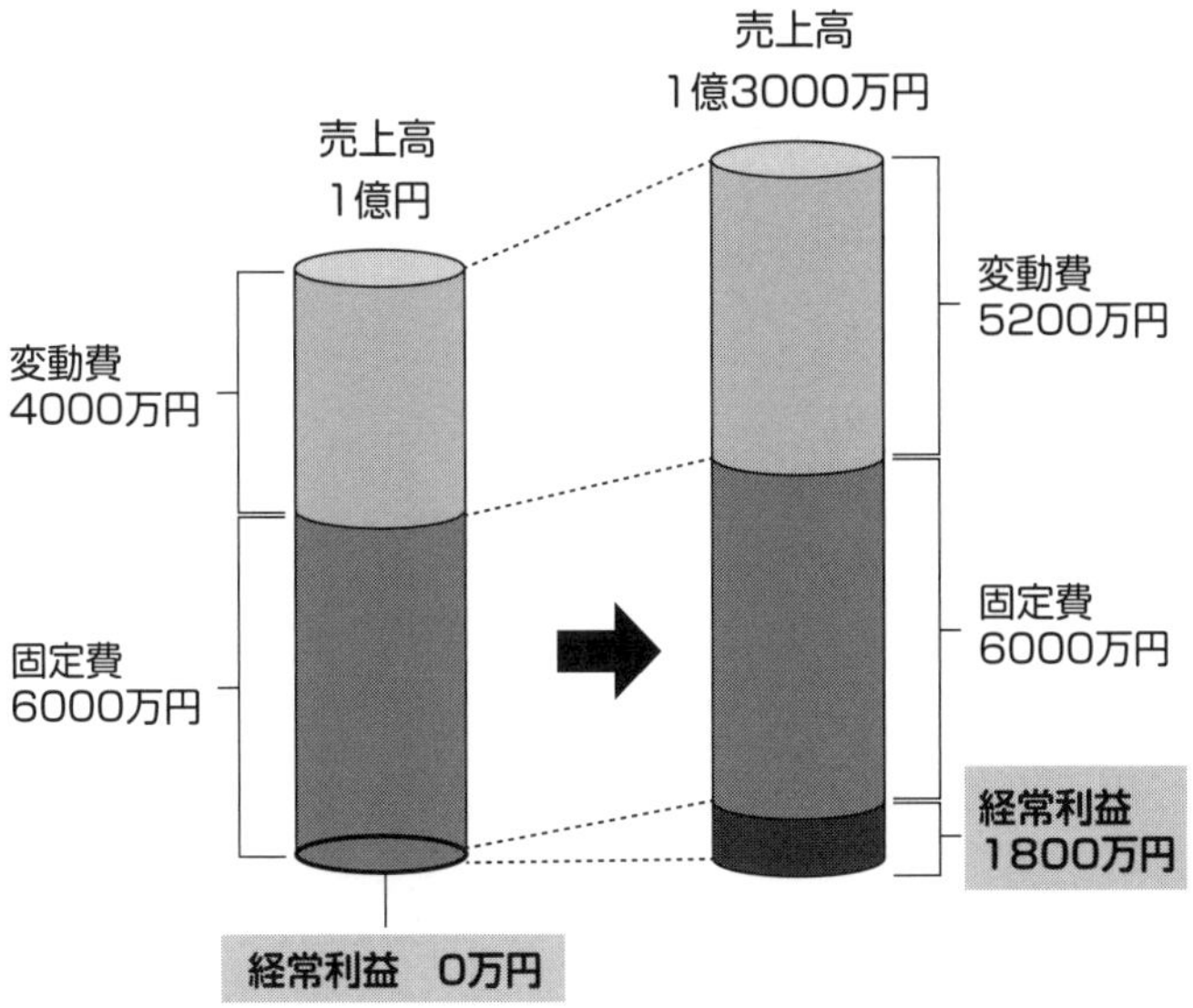

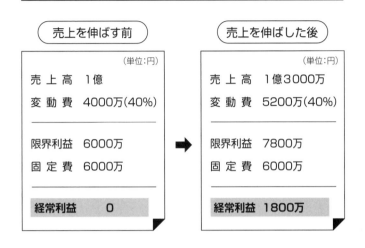

次ページは、その例です。

先ほどと同じように、売上を1億3020万まで増やしましたが、利益はなんと420万の赤字になってしまいました。

なぜ、同じように売上を伸ばしたにもかかわらず、赤字になってしまったのでしょうか？

それは、売上の上げ方に原因があるのです。

売上は、販売単価と販売数量の掛け算の結果です。

売上 ＝ 販売単価 × 販売数量

私は、**売上を【販売単価】と【販売数量】に分解することを「売上の分解」**と呼んでいます。

売上１億を１億3020万に伸ばしたときの経常利益

売上を伸ばした後

（単位：円）

売 上 高	１億3020万
変 動 費	7440万（57%）
限界利益	5580万
固 定 費	6000万
経常利益	**▲420万**

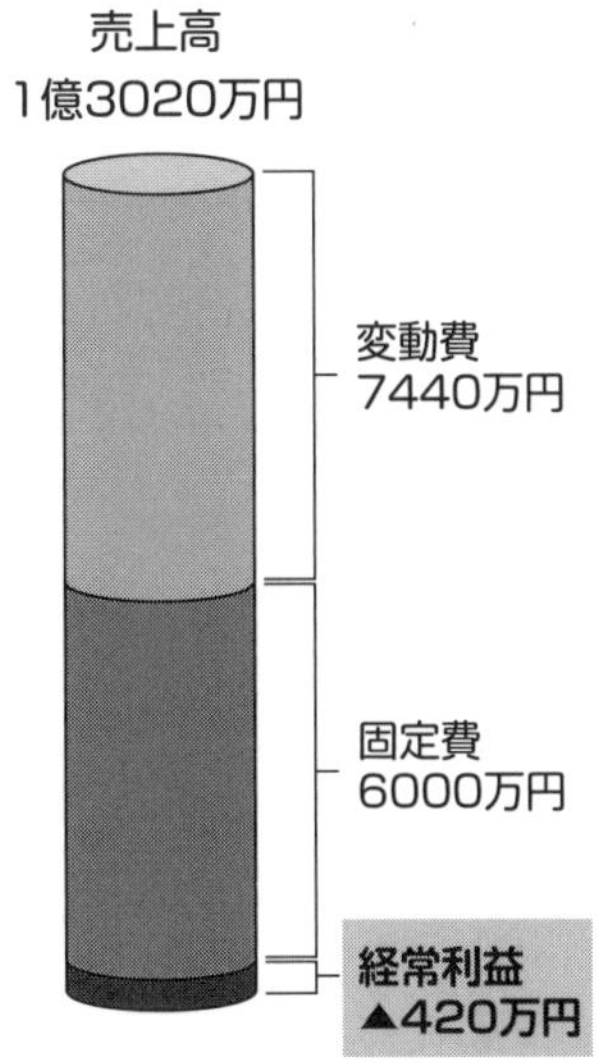

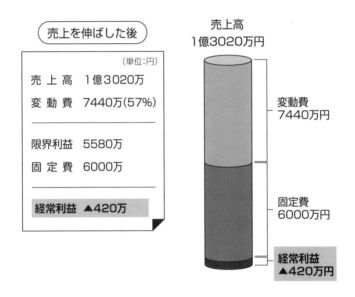

変動費が判断を誤らせる

もう一つ、大事なことがあります。

変動費をどう捉えるかということです。

変動費は、「売上に比例して変動する費用だ」と、多くのコンサルタントや会計の専門家は言いますが、この考え方では、利益を増やす方法や利益が減ったときの原因を見つけることはできません。

会社全体のおおよその利益などを把握する際には、この考え方でもかまいません。しかし、本気で利益改善をするのであれば、この考え方は全く役に立たないのです。

利益改善を目的とするのであれば、変動費は、売上に比例して変動する費用ではなく、【販売数量に比例する費用】として捉えてください。

変動費は、販売数量に応じて変動する費用

売上が増えたときに利益が増えた本当の原因、そして、売上は増えたにもかかわらず利益が減った原因など、売上の増減に伴う利益の増減要因は、

①売上を分解し、

②変動費は、販売数量に比例して変動する費用として計算する

このことでつかむことができます。

次ページの例を使って、説明したいと思います。

表の上部分は、ＰＬの計算。

表の下部分は、売上分解（販売単価×販売数量）と変動費の分解（変動費単価×販売数量）を表しています。

売上と変動費の中身

変動費単価 =
@100万 × 40% = @40万

※どの場合にも共通する
前提条件です

売上増加　利益減少

（単位：円）

売上高	1億3020万
変動費	7440万(57%)
限界利益	5580万
固定費	6000万
経常利益	**▲420万**

1億3020万 = @70万 × 186件

@40万 × 186件 = 7440万

販売数量を増やすために、単価を
引き下げて、売上を増加させた場合

売上が増加したときの

売上高 ＝ 販売単価 × 販売数量

変動費 ＝ 変動費単価 × 販売数量

売上を伸ばす前

（単位：円）

売上高	1億
変動費	4000万(40%)
限界利益	6000万
固定費	6000万
経常利益	0

1億＝@100万×100件

@40万×100件＝4000万

売上増加　　利益増加

（単位：円）

売上高	1億3000万
変動費	5200万(40%)
限界利益	7800万
固定費	6000万
経常利益	1800万

1億3000万＝@100万×130件

@40万×130件＝5200万

単価はそのままで、販売数量を増やして、売上を増加させた場合前ページ左の2表の販売単価は@100万ですが、一番右の表の販売単価は@70万です。

1億3000万を超える売上を実現するのに、@100万を@70万に下げて販売する数量を増やし、1億3000万を達成したというケースです。

販売単価は、@100万から@70万に下がっても、変動費の単価は、@40万のままです。当然のことです。販売単価を下げて販売をしても、仕入などの変動費単価を引き下げる努力をしなければ、変動費単価は同じです。

実はこれが、経営者が判断を誤ってしまう原因です。

変動費を売上に対して変動する費用として考えると、売上に変動費率を掛けて計算してしまいます。その結果、本当の利益とは全く違う利益が計算されてしまうのです。

（次ページ）

経営者は、今後の施策を検討する際に「売上をどれだけ増やせば、利益はどれだけ増えるのか」を考えます。

正しい変動費の計算と間違った変動費の計算

正しい変動費の計算をした場合

売上増加 → → → 利益減少！

（単位:円）

売上高	1億3020万
変動費	7440万(57%)
限界利益	5580万
固定費	6000万
経常利益	**▲420万**

（売上の計算）
1億3020万＝@70万×186件
（変動費の計算）
@40万×186件＝7440万

間違った変動費の計算をした場合

売上増加 → → → 利益増加？

（単位:円）

売上高	1億3020万
変動費	5208万(40%)
限界利益	7812万
固定費	6000万
経常利益	**1812万**

（売上の計算）
1億3020万＝@70万×186件
（変動費の計算）
1億3020万×40%＝5208万

正しい変動費

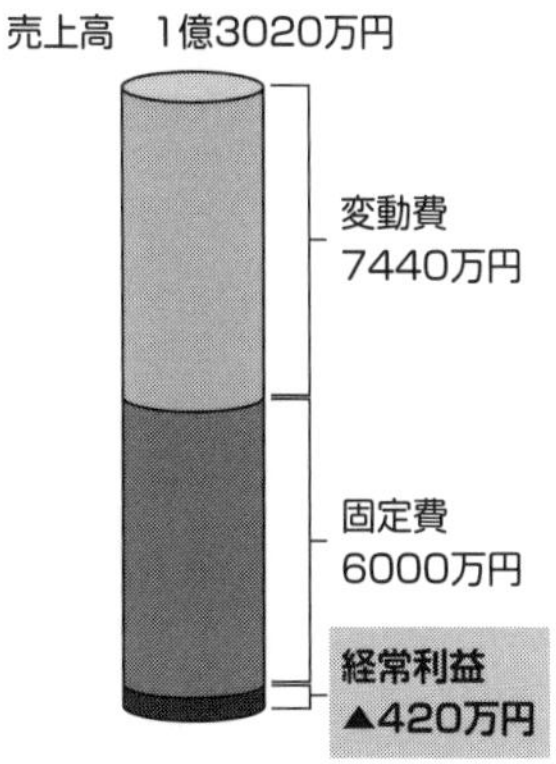

間違った変動費

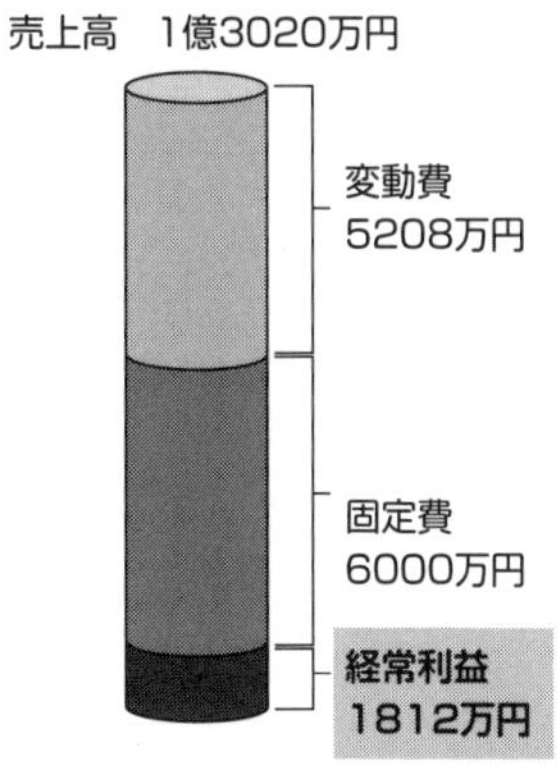

いわゆる、シミュレーションです。
経営判断をする際には、シミュレーションを行うのは当たり前のことです。

このシミュレーションで大事なことは、「正しく予測する」ことです。
ところが、変動費の計算方法を間違って理解すると、この「正しく予測する」ことができません。

先ほどの例のように、変動費を売上に比例する費用として考えると、販売単価を下げて販売をしても、売上が1億3000万を超えるだけの販売数量を達成すれば黒字になると、誤った判断をしてしまうのです。

売上を伸ばしたにもかかわらず、利益が思うように出なかったというときは、

- **販売単価を値下げしていないか**
- **販売数量で値下げ分をカバーしようとしていないか**
- **変動費単価を考えずに、変動費率で計算していないか**

これらのことに注意してください。

意外とよくある話ではないかと思います。

営業マンに課すノルマ（ちなみに、ノルマという言葉を、普段は私は使いません）を「売上」とすることで、営業マンは売上を達成しようとします。

営業マンは売上を達成すればいいわけですから、販売単価を下げてでも、とにかく売ればいい。単価が下がった分、販売件数や受注件数を増やせばいいと考えます。

値下げして販売数量で稼ぐという戦略が間違っているわけではありません。

値下げによる販売戦略を採るときは、値下げ額と目標とする販売数量をきちんとシミュレーションし、

・利益が確実に増えるかどうか
・実現可能な販売数量かどうか
・変動費単価を引き下げることはできないか

これらをあらかじめ、十分に検討することが重要です。

営業マンに課すノルマを「売上」ではなく、「限界利益」とすればこの問題は起きません。

売上を管理することは決して間違ってはいませんが、売上を増やしても利益が減る場合があることから、売上重視戦略ではなく、「限界利益重視戦略」を採ることをお勧めします。

変動費の補足

変動費は売上に比例するのではなく、販売数量に比例するということでした。

このことを計算式で表すと、次のようになります。

変動費 ＝ 変動費単価 × 販売数量

【変動費単価】というのは、単位当たり変動費のことです。

この【変動費単価】を、普段から管理している会社は少ないと思います。

しかし、確実に利益を増やす施策を見つけるには、【変動費単価】は不可欠です。

これがわからないと、変動費を売上に比例させるような間違った計算をすることにもなりかねません。

商品別の【変動費単価】を把握していない場合は、大まかな数値にはなりますが、変動費を販売数量で割って計算してください。

ちなみに、販売数量に比例する変動費としては、次のようなものがあります。

材料仕入、商品仕入、製品仕入、外注費、荷造運賃、高速代や燃料費（運送業）など。

経営戦略とその活用①

売上の方程式（ジェイ・エイブラハム）

ジェイ・エイブラハム（Forbes 誌全米トップ5に選ばれた経営コンサルタント）は、売上は「単価」と「顧客数」と「購買頻度」の掛け算であり、売上を伸ばすには、この3つの要素を伸ばすしかないと言っています。

単価 × 顧客数 × 購買頻度 ＝ 売上

私自身、ジェイ・エイブラハムから直接〝マーケティング〟を学んだことがありますが、なかでもこの方程式は、これ以上簡単な式はないくらいわかりやすい式でありながら、確実に売上を伸ばすことができる考え方です。

この式が、あまりにも簡単すぎるからでしょうか。多くの経営者は知っているだけで、自社に当てはめて分析して、どうするかを考えている経営者は少ないように思います。

売上を上げることに苦心しているに経営者が多いにもかかわらず、目の前の売上を増やすアドバイスが、あまりにも当たり前すぎて見過ごしているのかもしれません。

単価 × 顧客数 × 購買頻度 ＝ 売上

10万円×１０００人×２回＝２億円

それぞれを10％増やせたとしたらどうなるか

11万円×１１００人×２・２回＝２億６６２０万円　33・１％ＵＰ

仮に25％増やせたとしたらどうなるか

12万５０００円×１２５０人×２・５回＝３億９０６２万５０００円

95・３％ＵＰ

私がこの式を初めて知ったのは、２００１年のことです。

最初は、この式をどう使えばいいのかわからずに、しばらくは何の行動も起こしませんでした。しかし、数カ月が経ったあるとき、こう思ったのです。

「世界トップともいえるマーケティングコンサルタントが言っているのだから、まずは素直にやってみよう」

どうすれば単価を上げることができるか。どうすれば顧客数を増やすことができるか、どうすれば頻度を増やすことができるか。

四六時中このことばかりを考え、実行しては、また考えるということを繰り返しました。

そうして、その翌年の当社の売上は、57％アップの成果を残しました。

この経験から、「経営戦略」は素直に実践することを心がけ、クライアントにも、素直に実践することを指導し、結果、クライアントのなかにも売上を大幅に伸ばす会社が現れ始めました。

「素直に実践する」

あなたもやってみてはどうですか。

“今”のあなたの会社の利益を増やす

第2章

第２章では、“今”のあなたの会社の利益を増やす戦略についてお話しします。

選択と集中戦略です。

選択と集中戦略は、実は第1章ですでにお伝えしています。あなたの会社の顧客と商品がそれぞれどれだけ売上と利益を上げているかがわかれば、最も利益を生み出す顧客と商品を見つけることができます。

また、売上と変動費を分解することでも、効果的に売上と利益を生み出すポイントを見つけることができます。

ここからは、さらに詳しく確実に利益を生み出すための選択と集中についてお伝えしたいと思います。

1 カギとなる3つのメソッド

選択の方法

売上や利益を短期間で増やす戦略があります。

その戦略が、**「選択と集中戦略」**です。

「選択と集中」は、知らない経営者はいないくらい誰もが知っている言葉です。しかし、身近な言葉になりすぎてしまったからか、この戦略を実践しているという経営者は少なく、コンサルタントや専門家の間でもこの戦略の重要性を認識していても、活用している人は少ないようです。

しかし、会社再建や事業再生の現場では、20年以上前からこの戦略が使われ、たくさんの企業が再建・再生を果たしてきました。

この戦略は、私が経営コンサルティングの現場で、おそらくほぼすべてのクライアントに使っています。なぜなら、会社再建や事業再生だけでなく、売上アップや黒字化、利益倍増など、経営改善にはきわめて有効な戦略だからです。

この戦略を使った売上アップについて説明をしたのが第1章です。

「選択と集中」は、概念だけでは戦略として活用することはできません。

どのような方法で選択するか、どのように集中するかが、この戦略の本質です。

とくに重要なことは、「選択」の方法です。

この戦略が、あなたの会社の利益を増やすことに役に立つかどうか。

それは、どういう方法で「選択」をするのかにかかっています。

第2章では、この選択と集中戦略を使って、今の利益をどう増やすために、どう選択するのか、どう集中するのかについて、お話ししたいと思います。

カギは、次の3つです。

① 売上を分解する

売上＝販売単価×販売数量

② 変動費は変動費単価と販売数量に分解する

変動費＝変動費単価×販売数量

③ 顧客別、商品別に貢献利益を算出する

①と②については、すでにお話をしましたので、3つめの貢献利益についてお伝えしたいと思います。

2 貢献利益を重視せよ

利益を増やす最重要管理指標

貢献利益は言葉通り、事業や顧客で生み出された利益が、会社全体の利益にどれだけ貢献しているかを表すものです。

「いくつかある事業が、それぞれどれだけ会社全体の利益に貢献しているのか」のように、事業別貢献利益を算出するのが一般的にはよく聞かれます。

事業別だけでなく、部門別、顧客別、商品別などのセグメントがあり、その会社の事業内容や何を改善したいのかによって、その切り口が違います。

切り口を間違うと、せっかく計算した貢献利益も役に立ちませんし、何よりこわいのは、誤った経営判断をしてしまうことです。

「改善した会社がこういう方法で貢献利益を出しているから」というような安易な考えで計算をせずに、あなたの会社に最も適切な切り口を見つけてください。

本書でご紹介している事例（事例5）のクライアントの旅館では、館別、部屋別貢献利益。そして、宿泊部門、調理部門、売店部門、管理本部でどれだけ儲けているかを事業別貢献利益として算出するように取り組んでいます。

これらの貢献利益から選択と集中戦略を実行した結果、8カ月めには、4年連続赤字だった会社が単月黒字になり、毎年、季節資金として借り入れが必要になる時期も、自己資金で資金繰りを回すことができるようになるなど、短期間で目に見える成果が表れました。

何を改善したいのかを明確にして、それに必要な切り口で貢献利益を算出し、それを活用することで、あなたの会社も同じように利益を増やすことができるはずです。

「数値は目的のためにある」ことを忘れないでください。


売上は、ほぼ100%の会社が管理していると思います。

粗利も、ほとんどの会社が管理しているようです。

限界利益となると、私の経験からいうと、3割くらいしか管理していないのではないかと思います。

貢献利益は、大企業クラスでは90%を超えると思いますが、中小企業では10%もないと思います。

それくらい、中小企業は貢献利益について関心が低いようです。


私が新卒で入社した当時、キーエンスの経営理念は5つあり、そのなかの一つに、「最小の資本で最大の経済効果を上げる」がありました。

ここでいう「経済効果」は、〝付加価値〟のことを指しています。

付加価値は、限界利益とよく似ていますが、キーエンスでは、この付加価値を重視していて、日常の営業活動でも売上だけではなく、付加価値目標の達成状況を毎日管理するほど重要視していました。

同時に、当時のキーエンスは、事業部制を採用し、事業部ごとの採算性管理を行っていました。この事業部門別採算性管理でも付加価値に加え、貢献利益が使われていたと記憶しています。

もし、あなたが、自身の会社の経常利益を増やしたいと本気で考えるのであれば、**最重要管理指標は、貢献利益です**。

前作『会社にお金を残す経営の話』では、限界利益が重要だと捉えていただいた方が多かったように思います。中小企業では、売上を重視している会社があまりにも多いことから、「売上を管理するのであれば、限界利益を管理してほしい」という意味で、「売上よりも限界利益のほうが重要だ」とお伝えしました。

じっくりと読んでいただくとわかるのですが、あの本のモデル企業が取り組んだ戦略は、得意先別PLによる貢献利益の増加戦略で、その取り組みの結果、利益を増やし、お金を増やしていったのです。

得意先別の貢献利益を増やすことは、会社全体の利益を増やすことに直結します。この本の冒頭でご紹介している7番目の事例以外はすべて貢献利益増加戦略に取り組んだ結果です。

貢献利益の増加は、売上と限界利益の増加、固定費1（直接固定費）の削減で可能になります。これらに顧客別や商品別の視点を加え、確実に貢献利益が増える策を講じることが重要です。

単価と数量による売上の上げ方については、ここまでのページでも伝えてきましたが、このあとのページでは、別の視点からの方法もご紹介していますので、参考にしてください。

私は、今までの経験から、大企業は当然のこととして、中小企業が短期間で利益を最大化できる重要な方法が、**貢献利益重視戦略**だと考えています。

3 貢献利益を把握せよ

どの貢献利益を把握するのか

貢献利益の重要性について、もう少しお伝えしておきます。

売上、限界利益、どちらも重要であることは間違いないのですが、この2つだけでは、利益を確実に増やすことはできないのです。

売上が増えても利益は増えないことは、すでに説明済みです。

また、限界利益が増えても経常利益が増えるとは限りません。

会社の改善進捗状況を俯瞰的に把握する指標として、売上、限界利益は有効ですが、戦略方向性を見極め、具体的な施策を見出すには、少し力不足です。

どこで利益が生まれ、どこで利益を失っているかを明らかにしてくれるのが貢献利益です。

生まれた利益が継続しないのです。

これを把握しないと利益改善はできません。

「どこで利益が生まれ、どこで利益を失っているか」

では、利益を増やすために重要な貢献利益を、どう把握すればいいのか。

このことについて、話を進めたいと思います。

貢献利益を把握するうえで、大事なことは「何の貢献利益を把握するのか」です。

第1章では、売上、利益どちらも顧客と商品から生まれると言いました。

本章では、事業部門別や顧客別、商品別など、あなたの会社にとって最も適切な切り口である貢献利益を把握してほしいとお伝えしました。

どのような切り口で貢献利益を把握することが利益を増やすことにつながるのか。

その答えは、

「どこで利益が生まれ、どこで利益を失っているか」

にあります。


利益が生まれているのは、「顧客」と「商品」です。

その顧客と商品をグルーピングしたものが、「顧客群」「商品群」です。

その商品群を、生産から販売、業務管理まで一気通貫して担当するのが「事業部門」です。


一方、利益を失っているということは、「コスト」が発生しているということです。

このコストはすべて「会社内部」にあります。

ドラッカーは、次のように言っています。


およそ企業の内部には、プロフィットセンターはない。内部にあるのはコストセンターである。技術、販売、生産、経理のいずれも、活動があってコストを発生させることは確実である。しかし成果に貢献するかはわからない。『創造する経営者』

コストは、事業活動から生まれ、事業活動は、コストを顧客からの収入に変えることを目的に行われています。

利益を生んでいるのは、顧客と商品。

利益を失うのは、顧客に商品を販売するための活動、すなわち事業活動から生まれるコストによります。

こう考えると、利益を増やす施策を見つける切り口は、次の３つだということがわかると思います。

・顧客

・商品

・事業活動（生産から販売活動まで）

この３つの貢献利益を把握し、改善の方向性（何を、どう改善するか）**と改善目標を定め、毎月、取り組み進捗を行うこと。**

事業部門が存在し、その事業部門内で仕入・生産・販売（・管理）の事業活動がある場合は、事業部門別貢献利益を把握してください。

貢献利益をはじき出せ

貢献利益の計算は、次のようにします。

（注）例として、〝商品別〟としていますが、顧客別でも事業別でも同じ計算方法です。

貢献利益を計算するうえで重要なことは、変動費Aと固定費B、固定費Cの区分の仕方です。

「貢献利益」をネットで調べると、検索結果の1ページのほぼすべてが、限界利益から直接固定費を差し引いた利益のことだと説明しています。

会計の専門家やコンサルタントが書いている書籍でも、同じように書かれています。

そして、限界利益は、「変動費を売上から差し引いて算出する」と教えています。

変動費は、検索結果の上位すべてのサイトで「売上高に比例する費用」と書かれています。

貢献利益表

	商品別の売上
（－）	その商品を販売、生産するのに必要な費用【変動費】（A）
	その商品が生み出した限界利益
（－）	その商品を販売、生産するのに直接関係する費用【固定費】（B）
	その商品が生み出した貢献利益
（－）	間接部門の人件費や販管費、支払利息など会社全体にかかる費用【固定費】（C）
	経常利益

さらに、「貢献利益を使うことで、儲かっている事業や商製品がわかるので、その事業や商製品の財務会計上の営業利益が赤字だからといって、それらをやめてはいけない」と教えています。

その通りなのですが……ただ一つ。

変動費の計算が違うので、実務では全く使えないのです。

会計士や診断士、管理会計の勉強をした人ほど、こう考えてしまうように思います。

変動費の考え方を間違えると、限界利益も貢献利益も間違ってしまいます。

本ページ図表の**変動費は、販売数量に比**

例する費用です。間違えないようにしてください。

固定費Bは、売上に直接関係する費用のことです。売上に直接関係する費用は、売上に紐付く費用ともいえます。

たとえば、製造業であれば製造原価に含まれる労務費や品質管理などの人件費、電力費、設備機械のリース料や減価償却、工場の賃借料や水道光熱費、そして営業担当者の人件費などです。

固定費Cは、売上に直接関係しない費用、売上に紐付かない費用です。役員報酬や総務・経理の人件費、営業や製造が使わない車両のリース、複合機のリース、事務所の賃借料や水道光熱費、支払手数料、支払利息などです。

固定費をBとCのように、**売上に直接関係する費用と関係しない費用に分解すること**を**「コストの分解」**と呼んでいます。

固定費BとCの区分は、それほど難しいものではありません。

注意しないといけないのは、製造原価や建築原価、運送原価に入っているからといって、固定費Bに区分しないことです。

一つひとつの科目について、売上に紐付いているかどうかをきちんと確認してください。

固定費Cについて、注意していただきたい点があります。

固定費Cが全体にかかる経費ということから、【共通費】として、売上高や販売数量、生産数量などの基準で、顧客や商品・事業に配賦すると聞いたことがあるかもしれませんが、私はお勧めしません。

83ページの貢献利益表では、固定費Cが貢献利益の下にあることから、経常利益は、固定費Cの配賦の仕方でその利益が変わってしまい、これを経営判断に活用すると、意思決定を間違ってしまいます。

次の言葉は、税理士から指導され、固定費Cを共通費として配賦している経営者の実際の言葉です。

「間接固定費を売上高基準で配賦して計算した部門別利益が正しいとは思えない。でも、税理士の先生から指導されたのでやっていないとは言えず、ムダとは思いながらも毎月仕方なくやっている」

コンサルタントだけでなく、会計士や税理士、診断士は、顧問先やクライアントに発する自分の言葉の重みを噛みしめておかなければいけないと思う経営者の一言です。

固定費Cをどうしても顧客や商品、事業に配賦したいという場合は、売上高や生産数量、人員数などを使うのではなく、配賦額がすべて同額になるよう按分配賦することをお勧めします。

この配賦であれば、顧客や商品、事業別に計算された貢献利益の差異がそのままの状態で、配賦後の利益を算出することができることから、意思決定や経営判断で大きなミスを犯すことはありません。

貢献利益や固定費の分解、配賦などは、一般的に「管理会計」と言われる分野の話です。

この管理会計について、診断士や会計士の受験書や実務書にも載っていることから、あたかも管理会計というものがあると勘違いしている人もいますが、そもそも管理会計という決まった会計ルールは、何も定義されていませんし、統一もされていません。よって、間違った情報も多く、経営レベルでは使えない内容もあります。経営者自身がしっかりと自分で見極めることが大事です。

正しい意思決定には適切な経営データが必須

どのような資料を使うかで、そこから導き出される結果は全く変わってしまいます。

正しい結論を導き出すために、適切なデータや資料を活用するのは、医学や科学などでは常識です。

私は、今まで3500社以上の会社が使っている資料を見てきましたが、経営レベルの意思決定や経営判断の際に、その目的に合致した適切な資料を使って意思決定している会社は、ほとんどありませんでした。

最も多く使われているのは、試算表や経営分析表など、会計ソフトから自動的にアウトプットされる資料です。これらに加えて、独自の資料をエクセルで作成している会社も多くあります。

その資料の多くは、次のようなものでした。

・会議や打ち合わせを行うために、幹部や社員が作成した資料

・ずっと以前から（理由もわからないまま）作成され続けている資料

・社長が、こういうことを知りたいからと社員に指示をして作らせた資料

多くの中小企業では、何に使われるのかを考えて資料が作られているのではなく、「こういうデータや情報があれば役に立つだろう」という考えで作られているのです。

会社の経営状態を把握するための資料データと経営状態を改善するために必要な資料データは違います。

意思決定や経営判断のミスは、判断者によるものもありますが、中小企業では、その際に使用した資料が適切でないことのほうが原因として多いように思います。

目的に合致した資料を準備することが重要だということを知っていただき、経営判断や意思決定の際に使用する資料を再点検することをお勧めします。

貢献利益はこう管理せよ

「目的に合致した資料」ということを踏まえたうえで、貢献利益を増やすためにはどのような資料を使えばいいかをご紹介します。

貢献利益を計算する資料ではなく、どうすれば貢献利益が増えるのかがわかる資料でなければ目的に合致しているとは言えません。

その表は、次の３つが行われていることが条件です。

①変動費Aと固定費B、固定費Cを適切に区分する
②売上と変動費を分解して、見える化する
③顧客別、商品別、事業部門別に貢献利益を計算する

これらをクリアした表（次ページ）はこのようになります。

91ページには、実務で活用できる表を載せておきます。

私のクライアントでは、この表をこのまま活用している会社もありますし、自社に

売上と変動費を分解した貢献利益表

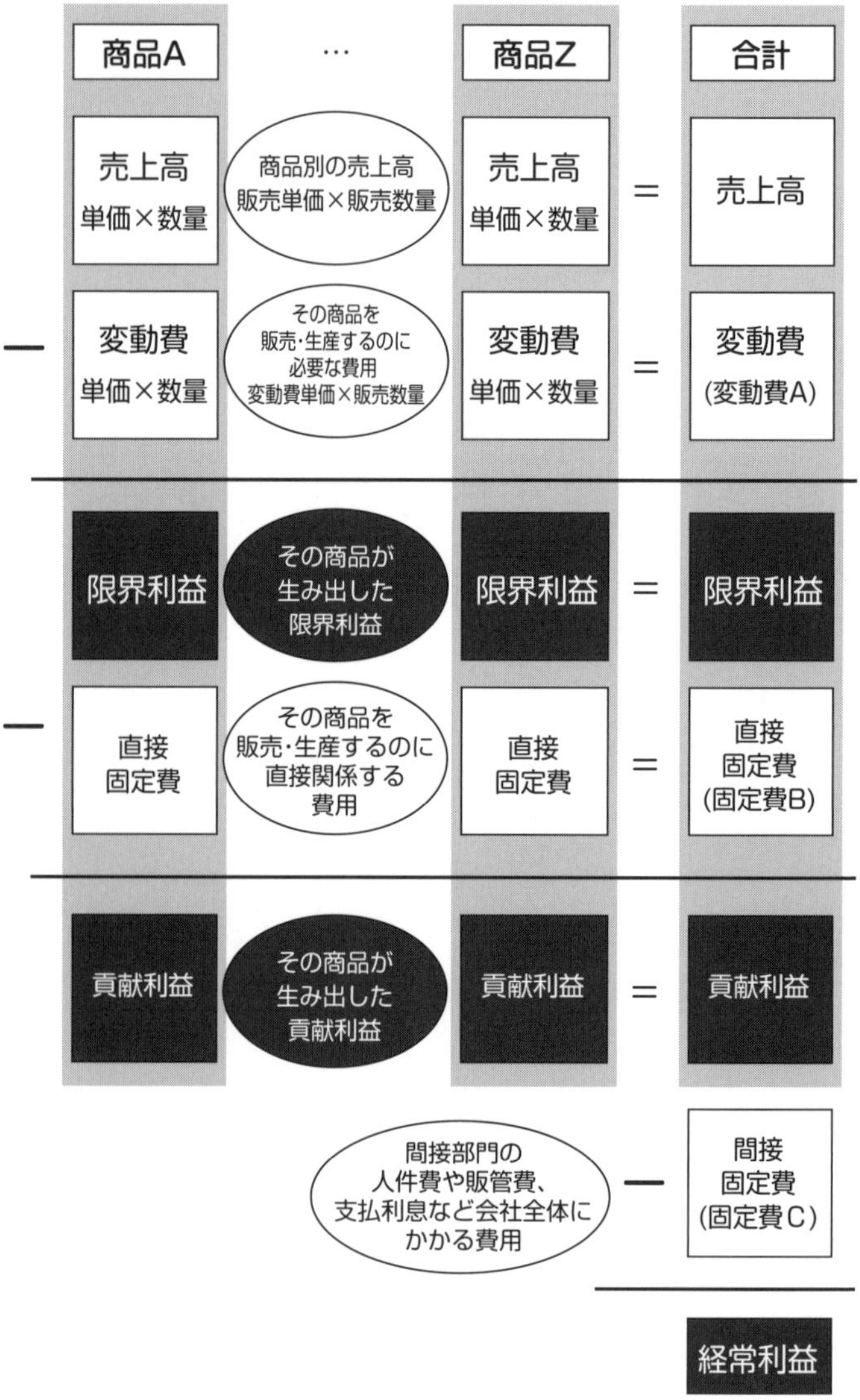

顧客別貢献ＰＬ

株式会社○○

貢献利益表　　　●月度

	顧客別	本社		A社		B社	
		計画	実績	計画	実績	計画	実績
	販売単価						
	1個あたり変動費						
	1個あたり限界利益						
	販売個数						
	【売上高】						
	売上高						
	【変動費】A						
	仕入高						
	材料仕入高						
	【限界利益】						
	【固定費】B						
その商品を販売するのに直接関係する固定費	給料手当(原価)						
	法定福利費(原価)						
	福利厚生費(原価)						
	消耗品費(原価)						
	地代家賃(原価)						
	～						
	リース料(原価)						
	雑費(原価)						
	【貢献利益】						

		本社 計画	本社 実績
	【固定費】C		
間接部門など商品の売上に直接関係しない固定費	**【人件費】**		
	役員報酬		
	給料手当		
	法定福利費		
	福利厚生費		
	【販管費】		
	広告宣伝費		
	旅費交通費		
	消耗品費		
	～		
	雑費		
	【営業利益】		

あわせてアレンジしている会社も多くあります。

この表は、どこで、どれだけの利益が生まれ、どこで、利益が生まれていないかを把握するためのものです。

これらがわかれば、貢献利益を増やすカギを見つけることができるはずです。

また、表中の販売単価と1個あたり変動費、1個あたり限界利益、そして、販売数量が、会社全体の限界利益を作り出していることは、第1章で説明してきましたので、販売単価と変動費単価、販売数量をどう改善していけば利益を増やすことができるかもわかるはずです。

販売単価と販売数量については、このあともう少し説明したいと思います。

4 最小の労力で短期間に利益を増やす

黒字化率9割の秘密

私は、今までたくさんの会社の黒字化や会社再建、事業再生をコンサルティングしてきました。

その経験でわかったことは、利益増や黒字化を短期間で実現できる会社には、いくつもの黒字メソッド®とも言える共通点があることでした。

この共通点を知ってから、コンサルティングの際にこの共通点に取り組むようにしていったところ、赤字企業の黒字化率は９割を超え、黒字企業においては、経常利益率が10％を超える会社も珍しくなく、お金を残す会社が増え始めてきたのです。

長く赤字を続けてきた会社。

大きな赤字を生んでいる会社。

資金繰りが苦しい会社。

売上が減ってしまった会社。

このような会社であっても、ある一つのことにしっかりと取り組んでいけば、短期間で利益を増やすことができるのです。


これは、とても簡単な取り組みです。

業種や規模、地域、ビジネスモデルを問わず、どのような会社でもできることです。

「これだけのことで、そう簡単に会社の利益は増えるのだろうか」

私自身、クライアントが取り組んでいる状況を傍で見ていても、最初は疑心暗鬼でした。

しかし、クライアントの利益が少しずつ増えていく事実を目の当たりにし、改めてシンプルでどの会社でも取り組める、この方法の効果を実感しました。

その方法は、どういうものなのか。

多くの企業で10％という経常利益が実現され、お金に困らなくなり、赤字企業においては、その黒字化率が９割になる会社が取り組んでいることは何なのか。

それは、次のことです。

「どこで、どれだけの利益が生まれているのか、どこで、どれだけの利益を失っているのかを把握すること」

この言葉はすでに本書でもご紹介しています。

どの顧客でどれだけの利益を生み出し、どの顧客でどれだけの利益を失っているのかを把握するということです。

顧客だけでなく、商品、事業単位でも把握できるようにします。

ここまで、売上の分解やコストの分解、限界利益と貢献利益、顧客別や商品別・事業別のことを伝えてきたのは、すべて、**「どこで、どれだけの利益が生まれているか」**を把握するための重要な要素だったからです。

会社全体の数値を把握することももちろん大事ですが、それでは短期間で利益を増やす会社を作ることはできません。

会社再建や事業再生において、1年で会社を建て直すということに私が取り組んでいるのは、再建や再生に時間がかかっていると会社の再建や再生の可能性が低くなるからです。

管理対象単位を会社全体ではなく、事業や顧客、商品という単位まで落とし込み、その単位での収益を把握することで、会社の収益性は驚くほど改善されます。

あなたは、あなたの会社の利益がどこで、どれだけ生まれ、どこで、どれだけの利益を失っているのかを把握できていますか。

利益を増やすカギを見つけろ

顧客別貢献PL（91ページ）を見てわかると思いますが、固定費Cは顧客には振り分けていません。

一番左にある顧客別の合計貢献利益（本社と書いている箇所）から固定費Cを差し引きして、営業利益を算出しています。

商品別、事業部門別の場合も同様の考え方です。

この表をどのように使って利益を増やすのかについてお話ししたいと思います。

作表のポイントは、次の3つです。

・顧客別貢献PLにあるように、実績だけでなく、計画も立案する
・単月だけでなく、累計も把握する
・前年同月対比、前年同月累計対比、計画対比で分析する

作表後にすることとは、**どの顧客、どの商品、どの事業部門を改善すると利益が最も増えるのかを見つけることです。**

検討しても利益が大して増えない顧客や商品に議論の時間を費やしても時間のムダです。

効果的に利益を改善するために、以下の2つの視点を参考に、**どの顧客や商品、事業が、あなたの会社の利益を増やすカギを握っているか**を特定してください。

①顧客、商品、事業の中で、限界利益が赤字、あるいは貢献利益が赤字で、その赤字を黒字にできる可能性のある顧客や商品、事業

②顧客、商品、事業で赤字がないときは、黒字の中で最も利益の多い、あるいは最も利益が少ない顧客や商品、事業

そのカギで利益の扉を開けろ ～単価×数量戦略～

売上を伸ばすには、次の2つの要素を増やすしかありません。

1　販売単価
2　販売数量

顧客、商品、事業別に、この2つについて検討を行ってください。

しかし、検討を始めても、「単価を上げるなんてムリ」「これ以上販売数量を増やすことはできない」という意見が幹部、時には社長から出てきます。

私の経験上、ほぼ１００％です。

しかし、こういうことを言ったところで何も始まりませんし、何も変わりません。

どうすればできるのかを考えることが重要なのですが、できないと言っている人に、「できない理由を言うより、どうすればできるかを考えろ」と言っても、所詮無理なことでしょう。

私もこういうことをイヤというほど経験してきました。

そこで、今は次のように対応することを指導しています。

・できないということに対して何か言うのではなく、できない理由、難しい理由は何なのかを一緒に考える
・そのできない理由、難しい理由を解決する方法や手段がないかを考える
・売り方、商品の組み合わせ、アフターフォローなどの付加価値、仕組み、外注などで解決できないか、代替できないかを考える

売上を増やすために販売単価と販売数量を上げるといっても、どちらも上げるのは

単価・数量マトリクス

		販売数量		
		そのまま	増やす	減らす
販売単価	そのまま	これでは売上は増えない	利益を増やすには、変動費（変動費単価）を下げること	売上減少
販売単価	上げる	単価アップを可能にするだけの商品価値を上げること	これができれば利益は最大になる	単価アップを可能にするだけの商品価値を上げること
販売単価	下げる	これでは売上は増えない	赤字になりやすく、相当の販売数量アップが必要	あり得ない

※ ■ 部分　難しい戦略

正直なところ現実的ではありません。

そこで、実際に販売単価と販売数量をどうするかを検討する際は、上表の3つの「○」のゾーン、2つのアミ部分から、どれが最もあなたの会社にとって妥当なのかを検討してください。

そのとき、1「取り扱う製品商品・サービス、顧客が法人なのか」、2「(取り扱う製品商品・サービス、顧客が)個人なのか」。そして、3「販売方法がコンサルティングセールスなのか」、4「(販売方法が)説明型セールスなのか」。さらに、5「新規顧客開拓型、既存顧客深耕型など、あなたの会社の製商品・サービス、顧客類型、セールスパターン」を踏まえたうえで、最も適切な販売単価と販売数量の方向性を見つけてください。

単価・数量マトリクス（前ページ）から、販売単価、販売数量のいずれかを下げたり減らしたりするのは、リスクが高いことがわかります。

そのカギで利益の扉を開けろ 〜ドラッカーの費用削減戦略〜

変動費を削減する

変動費は、「変動費単価 × 販売数量」で計算されます。

変動費単価は、仕入や外注費の単位あたり費用を指しますが、この仕入単価を下げるために大量に材料や商品仕入をしていては何の意味もありません。

また、仕入先などに価格交渉をすることも大事ですが、中小企業の仕入先には意外と大手企業が多く、そこに価格交渉をするのは現実的にできる方法ではありません。

逆に、経営が危ないのかと思われて、仕入を縮小される可能性もあります。

この変動費単価を減らすには、

・使用する量を減らせないか
・別の材料に代替できないか
・生産そのものを外注し、社内での仕入を大幅に削減できないか
・材料在庫や仕掛かり在庫・製商品在庫を削減できないか
などが考えられます。

今までの経験から、最も多くの企業に当てはまり、最も多くの企業で成果があったのは、材料在庫や仕掛かり在庫、製商品在庫の削減でした。

あなたの会社は、次のことに一つでも該当していませんか。
・明確な在庫基準を作っていない
・今までの慣習で仕入を行っている
・棚卸を毎月きちんとやっていない
・在庫があるのに仕入、購入をしている

改善の方向性としては、次の5点です。

① 在庫基準を明確にする

②仕入先と馴れ合いにならない
③少なくとも年に1回は仕入先に見積りを依頼し、定期的に仕入先、購入先を見直す
④仕入は、複数人で担当する
⑤主材料、副資材、仕掛かり、製商品の棚卸は毎月必ず行う

「自社だけでできることは何があるのか」という視点から考えることが重要です。

固定費を削減する

固定費には、売上に直接関係する固定費と売上に直接関係しない固定費と、2つの固定費があります。83ページの貢献利益表では、それぞれ固定費B、固定費Cと呼んでいます。

固定費を削減することを考えるうえで、大事なことは勘定科目や数値をそのまま捉えるのではなく、活動に置き換えて考えることです。

売上比率や1カ月当たりのコストでみると、「これ以上の削減はできないだろう」「これくらいはかかるから仕方ない」などと考えてしまいがちです。

固定費を削減することについては、書籍やネットでもたくさんの情報があります

が、私の今までのコンサルティングで、削減成果が大きく、その成果が持続的になるその方法が、「コストを活動に置き換えて考える」ということです。

ドラッカーの言葉を借りて説明したいと思います。

企業の内部にはコストしか存在しない。プロフィットセンターは誤称である。企業の中にはコストセンターしかない。顧客が製品やサービスを買い、代金を支払ってくれて、初めて利益は生まれる。

『ポスト資本主義社会』

企業内部には、コストを伴う活動しかなく、顧客が製品やサービスを買ってくれることでしか利益は生まれません。

成果を生まない、あるいは生産性が低い活動は、コストを生み、損失を生んでしまいます。利益は、優れた事業活動の結果です。

このことから、**利益を増やすためには、どのような活動が売上や利益に結びつき、どのような活動が結びついていないのかを知らなければなりません。**

多くの販売活動の結果が空しくも売上がゼロであれば、人件費などのコストは全く回収できないことになります。**管理すべきものはコストではなく、コストの基となっている活動**そのものなのです。

通常、コスト削減はどのようにしてこの活動の効率を高めることから始まる。これは間違いである。この活動をやめたら屋根は落ちるかを考えなければならない。おそらく大丈夫ということであれば、活動自体をやめるべきである。

『実践するドラッカー　利益とは何か』

活動を管理するという場合、最初にすべきことは「やめること」です。「作らない、やらない、捨てる、やめる、減らす」ことを考えることです。

作業の90％をやめても、利益にはほとんど影響しないからです。

「選択と集中」と言われますが、この場合の選択は、「やめること」を決めることです。

すでに、お伝えしたように、利益を増やすには大きな利益を生んでいる顧客や商品、事業を選び、そこに注力することです。経営資源を集中させることです。

コストの削減も同様に、最大のコストを見つけ、そのコストを生んでいる活動をやめることが重要です。

経営戦略とその活用②

アンゾフの製品・市場マトリクス

イゴール・アンゾフの製品・市場マトリクスは、とても有名な戦略マトリクスです。

一般的には、このマトリクスは、成長する戦略方向性を意思決定する際に使われる場面が多いと思います。

このマトリクスを私が学んだのは、キーエンスから転身した大手経営コンサルティング会社の社内研修でした。そのときから現在まで、このマトリクスは、当社自身で使うことはもとより、クライアントへの指導の際にもよく使っています。

何よりも、このマトリクスは、中小企業にとって絶大なパワーを発揮します。

中小企業でも戦略方向性を検討するために使いますが、それ以上に、このマトリ

製品・市場マトリクス

<table>
<tr><td colspan="2" rowspan="2"></td><td colspan="3">市　場</td></tr>
<tr><td>既存市場</td><td>新市場A</td><td>新市場B</td></tr>
<tr><td rowspan="5">製
品</td><td>既存製品</td><td>①
市場浸透戦略</td><td colspan="2">②
市場開拓戦略</td></tr>
<tr><td rowspan="2">新製品A</td><td rowspan="4">③
製品開発戦略</td><td colspan="2">水平多角化戦略</td></tr>
<tr><td colspan="2">垂直多角化戦略</td></tr>
<tr><td rowspan="2">新製品B</td><td colspan="2">集中多角化戦略</td></tr>
<tr><td colspan="2">集成多角化戦略</td></tr>
</table>

クスが中小企業でパワーを発揮するのは、売上と利益を管理するとともに、売上と利益を増やす具体策を検討し、シミュレーションするときです。

その活用法を簡単にご紹介しておきます。（市場浸透戦略の細分化戦略）

①現状の商品顧客マトリクスを作成する。（A枠）

109ページの図表をご覧ください。

あなたの会社の商品名と顧客名を例のように書き入れ、そのクロスするところに、その商品がその顧客で獲得している売上と限界利益を入力します。セルを上下に分割して、売上と限界利益が同時に見られるようにすると、施策を見つけやすくなります。

・商品区分の考え方

商品別、製品別、アイテム別、商品グループ別、粗利益別、素材別など

・顧客（市場）区分の考え方

顧客別、商品の購買市場別、地域別、年齢別、規模別など

この商品と顧客をどうセグメントするかが重要です。

② 数値が入力されている一つひとつのセルについて、売上と限界利益を増やす施策を検討する。

③ 数値が入力されていないセルは、売上も限界利益も獲得できていないことから、空白のセルを少なくするための施策を検討する。（B枠、C枠）

④ 検討された結果を1年後のマトリクスとしてまとめる。

商品・顧客マトリクス

現在（直近期末）

（千円）

	市場・顧客名	既存顧客				新規顧客				
	商品名	a	b	c	d	e	f	g	h	計
既存商品	A	300	1,000	10	200	100	50	300	0	1,960
	B	0	500	500	2,000	0	0	0	0	3,000
	C	0	200	1,000	0	0	0	0	0	1,200
	D	1,000	0	80	0	0	50	100	0	1,230
	E	500	300	50	0	0	0	0	1,000	1,850
	F	0	80	1,000	30	0	0	0	0	1,110
新規商品	G	100	10	80	0	0	0	0	0	190
	H	0	10	20	0	0	0	0	0	30
	I	0	20	50	0	0	0	0	0	70
	J	50	0	40	0	0	0	0	0	90
	K	30	30	0	0	0	0	0	0	60
	L	20	20	0	0	0	0	0	0	40
	計	2,000	2,170	2,830	2,230	100	100	400	1,000	10,830

（表中の区分：A＝既存商品×既存顧客、B＝既存商品×新規顧客、C＝新規商品×既存顧客、D＝新規商品×新規顧客）

1年後のマトリクスをベースに、3年後のマトリクスを作成することもできます。
また、前年と比較することで、さらに確実な施策を見出すことができます。

A枠のあとは、
B枠で既存商品を新規顧客へ販売する顧客開拓戦略と販売戦略を
C枠で既存顧客に対する新規商品の開発と販売戦略を
D枠で新規商品の開発戦略と新規顧客の開拓戦略を検討します。

中小企業の場合、このあとお伝えする事業分野や商品の陳腐化が起きた場合のみ、
D枠を検討すれば良いと思います。

“未来”のあなたの会社の利益を保証する

第3章

今までお伝えしてきたことは、「今」の利益がテーマでした。この「今」ということに取り組む重要性は、言うまでもありません。

しかし、「今」のことに取り組むだけでは、会社を存続していくことはできません。そして、この存続を保証してくれるものと未来の利益を保証してくれるものは同じものです。

ここからは、「未来」のあなたの会社の存続と利益を保証してくれるものについて考えていきたいと思います。

1 あなたの会社の存続を保証してくれるもの

会社の存続を保証するもの

大手ハウスメーカーから、ある部材の製造加工の外注を受け、売上を伸ばし、利益を上げてきた会社があります。

この会社は、この大手ハウスメーカーと取引を開始することによって、少しずつ売上と利益が増え、自己資本や固定性の預金も増えていきます。社長も、うちの会社は今後もまず大丈夫だろうと思い、周囲からも将来に全く不安のない優良企業だと言われていました。

ところが、世の中は変化し、環境が変わり始めます。

大手ハウスメーカーの商品もその環境変化に伴い、変わり始めます。生活スタイルや家族構成、求める生活の質などが変わっていったのです。

そうして、この会社の売上は徐々に減り始め、ついにはその会社の部材が必要とされなくなってしまう状況にまでなってしまいました。

新たな商材の提案などによる取引の維持・拡大ができていなかった、営業活動が不十分だった……という見方もあります。

しかし、私たち経営者がここで注目しなければいけないのは、環境変化に伴って、今まで当たり前だったものが当たり前ではなくなり、必要なものが不要になることです。

古くは白黒テレビのカラーテレビ化、そして液晶、薄型化。ビデオテープやカセットテープ、フロッピーディスク、ポケットベル、カメラフィルムなどの消滅、衰退。最も身近なものでは、携帯電話です。自動車電話から始まり、移動電話。そして携帯電話になり、今やスマートフォンへと変化し、ポケットに入るパソコンとして、生活に欠かせないだけでなく、安全や安心さえも提供するものとなっています。

携帯電話の普及によって、公衆電話がほぼなくなり、固定電話が不要になってきました。

利益目標を達成し続ければ存続は保証されるのか

このように、技術の発展と生活スタイルの変化によって、多くの商品や製品、サービスが衰退、消滅し、新たに生まれています。

最近では、感染症の感染拡大の影響から生活スタイルが大きく変化し、衰退する業種や業態、新たに生まれている事業などを見ると、経営環境の変化によって、企業経営はここまで影響を受けるのだということを実感せざるを得ません。

今までに経験をしたことのない事態や環境変化の中にあっても、私たちの会社は存続していかなければなりません。

どのような事態が起き、環境が変化しても、未来に向けて、私たちの会社の存続を保証してくれるもの、未来の利益とお金を保証してくれるもの、それは何なのでしょうか。

経営者にこの質問をすると、次のような言葉がよく返ってきます。

「今の利益を確実に生み出し、毎年、利益目標を達成し続けることが存続につながるのではないですか」

毎年、利益目標を達成すること自体、存続している証ではないかという意見もあるかもしれません。

たしかに、私たち経営者の大きな関心事は「売上目標や利益目標の達成」です。この目標を毎年達成し続けるということは、結果的には存続が保証されるはずと考えても不思議ではありません。この売上目標や利益目標を達成し続けていくことが存続につながると考えるのも当たり前かもしれません。

しかし、本当に利益目標を達成し続ければ、存続は保証されるのでしょうか。

2

利益目標の達成と会社の存続

利益の役割

私のクライアントの例を挙げて、考えてみたいと思います。

電機メーカーなどに部材や部品を販売している、年商80億、経常利益3億の電気部品卸売業の社長の話です。

「毎年、毎年、売上目標と利益目標を達成することを最重要課題としてやってきました。あと決算まで6カ月となり、今年もそう思ってやってきた甲斐もあって、このままいけば、今年も売上目標だけでなく、3億の利益目標も達成できると思います。

しかし今年は、売上目標は達成しても、利益目標の達成は諦めようと思っています。先生も知っての通り、部材や部品の販売は、年々価格競争も激しくなってきており、このような状況では、来期や以降の利益目標の達成もできるとは言えないと強い危機感を覚えています。

得意先である電機メーカーにおいても、今後の製品の仕様変更や廃番、新たな商品開発のスピードが速まり、これらの数も多くなることが予想され、さらには事業領域までも見直すくらいの情報もあります。得意先で大きな経営戦略の見直しがいつあってもおかしくないと思っています。

我が社も、今までと同じようにメーカーからの問い合わせや見積依頼に対し、部材や部品を提案するだけでは、たった3年先であっても、そこまで我が社は存在していないのではないかとまで考えています。

何としても、会社を潰さずに存続させるためには、今の事業に固執することなく、卸売業ではない新たな事業や電機以外の新たな事業分野の顧客開拓を行っていくことが、今の我が社にとって、最も必要なことだと判断しました。

今期はあと半年ありますが、部材や部品そのものの開発や技術開発、電機以外の新分野の検討、そして、組み立て事業への進出を検討し、これらのために今年の利益を使おうと考えています。今の当社にはいない商品開発や技術に関する人材の採用、他社や大学との共同技術開発や提携、組み立て事業への設備投資などに利益をつぎ込むつもりです。

おそらく、今年は赤字にはなるかならないかのギリギリの利益になると思います。

また、状況を見ての判断になりますが、来期以降の数年間も将来の利益のためにその年の利益を犠牲にして投資することも計画しています。先生のご意見をお聞かせください。」

利益は、企業経営にとって必要なものであることは間違いありません。

しかし、利益よりも重要なことがあります。

それが存続であり、成長です。

そして皮肉なことに、利益を獲得するための行動と、存続や成長のための行動は、多くの場合、相反するのです。

商品開発や技術開発、新規事業への投資を行わなければ、今期３億の利益目標を達成できるが、３年後の存続は保証されない。だからこの社長は、今年の利益を諦めたのです。

今、生んでいる利益を失ってでも、存続のため将来の利益のために、今の利益を犠牲にしたということです。

利益には三つの役割がある。
第一に、利益は事業活動の有効性と健全性を測定する。（中略）
第二に、利益は陳腐化、更新、リスク、不確実性をカバーする。（中略）
第三に、利益は、（中略）事業のイノベーションと拡大に必要な資金の調達を確実にする。

『現代の経営』

これもドラッカーの言葉ですが、私たち中小企業の利益に対する考え方について、とても重要な示唆を与えてくれています。

まさに、先ほどの電気部品卸売業の社長は、この3つを実践しています。

3億の利益目標の達成をもって、事業活動が間違っていないかどうか、経営が健全であるかどうかを判断しています。

そして、今期も生み出すであろう3億の利益を、事業の陳腐化やリスク、不確実性をカバーするために使うと意思決定しました。

そして、3億の利益は、電気部品卸売業という事業をイノベーションするための資金として使われるのです。

「存続するために、今、売上や利益を必死で生み出しているんだ」という経営者も多くいるかもしれません。

しかし、今仮に、どれだけ大きな利益を生み出していても、お金を持っていたとしても、それ自体が3年後、5年後の企業の存続を保証してくれることはありません。

節税と納税のことについて、本書の冒頭で少し触れました。

この3つの利益の役割は、過度な節税を行い、納税を回避するために利益を少なくする経営者自身の判断が、自分の会社の存続を危うくしていることに警鐘を鳴らしてくれています。

必死で生み出した利益をどう使うのか。
これが、その会社の存続を大きく左右するのです。

存続と経営環境の変化

会社の存続は、今の利益とお金だけでは実現し得ません。
先ほどの電気部品卸売業の例は、今の利益を将来への投資に使うということを教えています。

では、未来の会社の存続、3年後の利益のためには、利益を生んでくれるものに投資をすれば良いということなのでしょうか？

いいえ、将来のために投資すれば良いという簡単な話ではありません。

大企業では、現在の利益も生み出しながら、将来のための投資を行うくらいのことはすでにやっています。ところが、それでも存続できなかった大企業は少なくありません。

「ヒト」「モノ」「カネ」と言われる人材や技術、資産を持ち、大企業としての地位を築き上げ、さらには将来投資も行っていたにもかかわらず、経営危機に陥り、経営破綻、倒産していった大企業は数多くあります。

そごう、山一證券、足利銀行、北海道拓殖銀行、日本航空、林原、マイカル、佐藤工業、松本引越センター、武富士、グッドウィル、NOVA、スカイマーク、タカタなど、数え上げればキリがありません。

将来への投資というのは、手段の一つにしか過ぎないのです。

前述の電気部品卸売業の会社でいうと、あの会社の3年後の存続のための施策（商品開発や技術開発、組み立て事業への進出）は、単なる将来投資ではなく、「正しい経営戦略」

に基づいて検討された結果なのです。

この「正しい経営戦略」こそ、あなたの会社の将来の存続を保証し、利益とお金を生み出してくれるものです。

そして、それは「経営環境の変化に適応する」努力の上だけに成立します。

大企業の破綻からわかるように、過去どれだけの利益を生み、どれだけのお金を貯めても、経営環境の変化によって、積み上げてきた資産を一瞬で失うのです。

未来の存続、そして利益とお金を保証してくれるもの
それは、経営環境の変化を踏まえた「正しい経営戦略」

3 「正しい経営戦略」とは

映画会社の経営戦略

映画会社の事例を通じて、「正しい経営戦略」がどういうものかをつかんでいただきたいと思います。

この事例は、レビット教授が「ハーバード・ビジネス・レビュー」で「マーケティングマイオピア」として発表した論文に掲載されています。

日本語では、「近視眼的マーケティング」ともいわれますが、私が経営コンサルタントに転身してすぐに、その大手経営コンサルティング会社内で行われたコンサルタント養成講座で学んだ内容です。

論文自体は１９６０年に発表されたもので、私が学んでからでもすでに30年近く経っている、とても古い事例ですが、それだけ年数が経った今でも、経営戦略を学び実践するうえで非常に役に立つ考え方です。

企業規模を問わず、多くの経営者が陥る過ちを的確に表しています。

今日、テレビ番組は、家のテレビだけでなく、車やポータブルテレビ、スマホでも観ることができるようになりました。

このテレビが現れたのは、第二次世界大戦後のアメリカです。

テレビが現れる以前、人々の楽しみは映画であり、ハリウッドに代表される映画会社が黄金時代を築いていました。

この映画全盛時代の１９４９年頃、テレビは急速に普及します。

テレビの出現に対して、全盛時代を築いていた映画会社は、どのような対策を講じ、その後どうなっていったのか。

客観的に、映画会社の採った施策をみることで、「正しい経営戦略」とはどういう

映画会社とテレビ会社

ものかをつかんでいただきたいと思います。

　当時、映画会社が採った経営戦略は、「大作主義」と「敵視政策」と言われるものでした。

「大作主義」とは、多額の資金をつぎ込み、一流の俳優陣や有名監督、優秀なスタッフ、最高の機材を使って、「大作」映画を製作するものです。

　テレビの普及に対し、当時の映画会社の経営者たちは、「本当に良いもの」を作れば、お客さまは、テレビにはないものを求めて、映画館まで足を運んで映画を見に来てくれるに違いないと考えました。多額の製作費をかけ、一流の監督や一流の俳優陣を起用し、テレビには絶対に作ることができない「最高の映画」「本当に良い映画」を作ろうと考え、それを実行に移します。

その結果は、多額の資金をつぎ込み、有名一流と言われる監督や俳優陣を起用し、最高の機材やスタッフで、テレビでは制作できないような映画を製作したにもかかわらず、観客を動員できないまま赤字を出します。こういうことが続き、時とともに、多くの映画会社は衰退し、消滅していくことになります。

映画会社は、この「本当に良いもの」に基づいて、自分たちが考える最高の映画を作ったのですが、それはお客さまが求めているものではなく、あくまでも映画のプロや関係者が見て「本当に良いもの」でした。

「本当に良いもの」を作れば、お客さまは買ってくれる。食べに来てくれる。必ず売れるはずだ。こう考えている経営者は多いのではないでしょうか。

しかし、この「本当に良いもの」という言葉で、多くの経営者が判断を誤ってしまうのです。経営者が真面目であればあるほど、「良いものを作れば、良い仕事をすれば、お客さまは買ってくれるに違いない」と思ってしまうのかもしれません。

ところがこれは、経営者、すなわち販売側、メーカー側、サービス提供側の独りよがりのものになってしまい、顧客に受け入れられないことが多々あるのです。経営者である以上、顧客のニーズに合ったものでなければ売れるはずがないことはよくわかっているはずです。

にもかかわらず、「良いものを作れば、良い仕事をすれば、お客は買ってくれるに違いない」と考え、独りよがりの商品やサービスを生んでしまうのです。

経営者でありながら、独りよがりの商品やサービスを生んでしまうのは、なぜでしょうか。

私は、「企業経営に対する経営者の基本姿勢」が間違っているのではないかと思っています。

どう企業経営に対する基本姿勢、考え方が間違っていたのでしょうか。

引き続き、映画会社の例で考えてみます。

映画会社は、自らを「映画会社」「映画屋」と呼び、映画会社として、本物の映画を製作することを誇りにしていたと考えられます。

これは、「映画」という商品や「映画会社」という事業に固執していたということを表しています。

どれだけ検討を重ね、知恵を絞って、顧客に喜ばれる映画作りを目指したとしても、「映画」という商品に固執する限り、うまくいくはずがありません。

顧客に提供するものが、「映画」しかないからです。

「映画会社が、自分の会社のことを映画会社と呼ぶのは当たり前じゃないか」と言う人もいるかもしれません。

「映画」という商品に固執し、映画会社自身が自分のことを「映画会社だ！　映画屋だ！」と認識していたことが、なぜ、間違っているのかを説明しましょう。

映画会社の過ち

当時、人々にとって娯楽と呼べるものは、映画以外にはなく、映画はすでに大成長を遂げていました。その映画産業という市場は、ライフサイクルから見るとすでに成熟産業になっており、そこへ技術革新から生まれたテレビが出現したのです。

テレビは、映画が独占していた市場に現れた、きわめて強力なライバルでした。映画しかなかった娯楽に対し、テレビは新たな娯楽（映像）を制作し、テレビという機器によって、その娯楽を多くの人の手元まで届け、大衆化し、身近にした画期的なものでした。

このような競争相手が現れたわけですから、映画会社が今までと同じように成長できるわけがありません。

しかし、映画会社の経営者たちは、そうは考えていませんでした。手軽に身近に楽しめるテレビという新たな娯楽が生まれたという環境の変化を正しく捉えることができていなかったのです。

プロダクト・ライフ・サイクル(PLC)

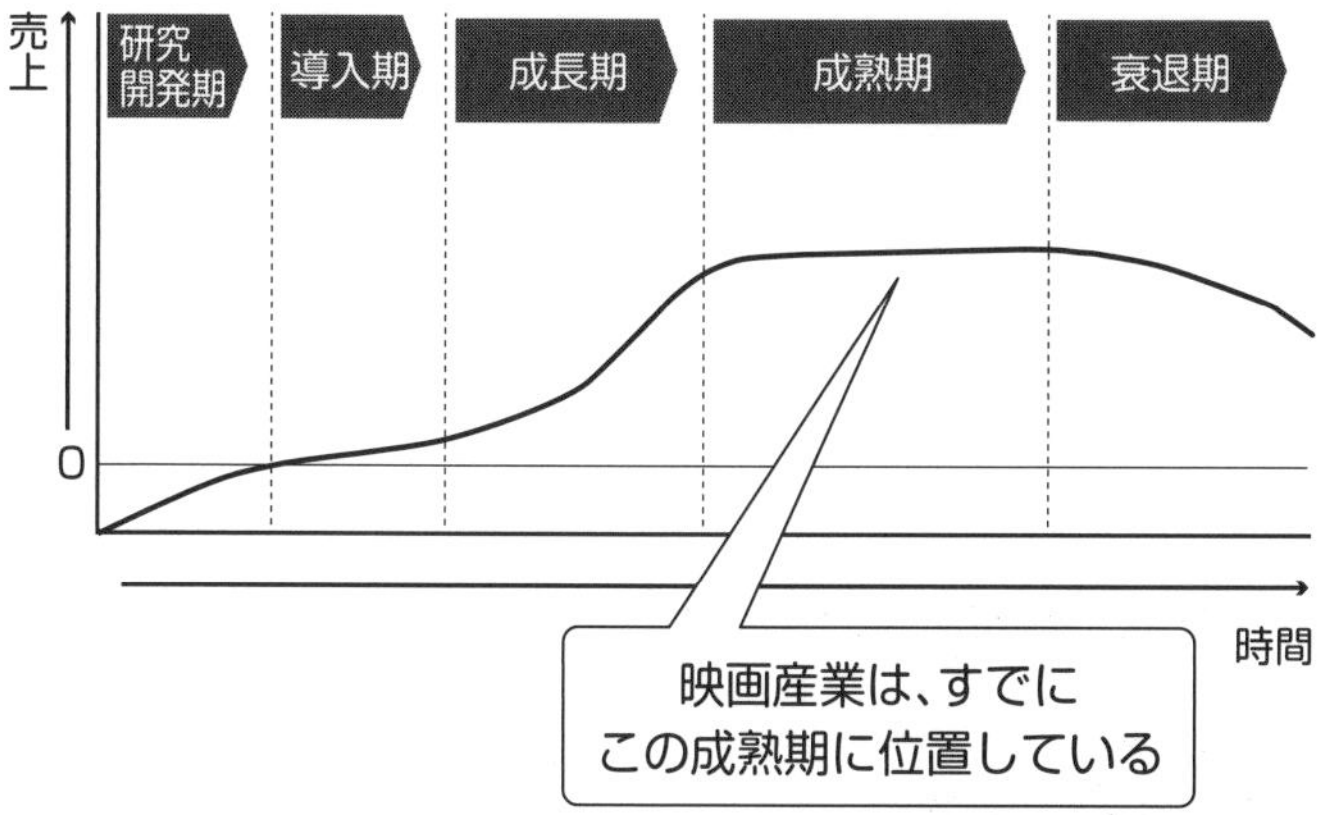

環境の変化を正しく捉えることができず、映画会社が自分たちのことを「映画会社」と考えている以上、映画以外の商品を作ろうと思うはずがありません。映画以上のものは何も生まれないのです。

結果、映画会社として映画を作る、それも「良いものを作る」という施策しか思いつかないのです。

もし、映画会社の経営者が、テレビが現れたという環境の変化を感じ取り、自らを「映画会社」「映画屋」であると同時に、「経営者」だと考えていたらどうなっていたでしょう。

おそらく、企業経営者として、今まで映

画館に足を運んで映画を見に来てくれたお客さまに対し、どうすれば喜んでもらえるのか、お客さまは何を求めているのかを真剣に考えたと思います。

お客さまが何を求めているのかを真剣に考えることで、お客さまが映画会社に今まで求めてきたのは、映画ではなく、娯楽だったと気づくことができたはずです。自らを「映画会社」ではなく「娯楽提供会社」、すなわち「お客さまが求める娯楽を追求し、それを提供することを事業とする」と定義することができたと考えられるのです。

（注）本書では、「娯楽提供会社」としていますが、レビット教授は「エンターテインメント産業」と呼んでいます。

「娯楽提供会社」と自分たちのことを再定義できたとすれば、突然現れたテレビと戦うのではなく、テレビを、自分たちの商品である〝作品〟をお客さまに届けてくれる〝手段〟として捉えることができたかもしれません。

さらに、テレビと戦って、一流の俳優や監督、スタッフをテレビの映像制作に携わらせないようにする敵視政策ではなく、テレビの映像制作を支援し、時には請け負い、また制作ノウハウを提供し指導するとなれば、映画会社とテレビの立場は全く変わり、テレビに対し、強い影響力を持った企業になっていたと考えられます。

すでに、人気俳優を有し、実力のある監督やスタッフを独占的に抱えていた映画会社は、最高の制作映像をテレビに提供することができ、それが全米の家庭に流れることで、映画会社の事業はさらに強固なものになることは間違いありません。

テレビの映像を映画会社が作ることで、映画会社は「メーカー」の立場で、全く別の事業展開ができていたのです。

今までのように、お客さまに映画館に来てもらわなくても、テレビを使えば、一度に多くの家庭に自分たちの商品である作品を届け、さらに、別の新たな商品をその作品を観てくれた人たちに買ってもらうチャンスが生まれたかもしれません。

テレビによって新たな販路もでき、また、各地にある映画館が映画を提供するだけでない、新しいビジネスさえも生まれていた可能性もあります。

しかし、残念なことに、映画会社の経営者は、「企業経営者」ではなく「映画屋」だったことで、衰退の一途をたどっていくことになります。

当時、映画会社の経営者は、お客さまが
・「映画」を欲しているのか
・「映画を通じて得る娯楽」を欲しているのか
について全くわかっていませんでした。

いや、考えていなかったと言ったほうが適切かもしれません。

「より良い映画を提供する会社」ではなく、「より楽しめる娯楽を提供できる会社」になろうと考えることが重要だったのです。

企業経営に対する基本姿勢とは、「顧客が何を欲しているかを考え、その欲しているものを提供できる存在になろう」と努力することです。

この努力が、経営活動においてなされなければなりません。

顧客が何を求めているかを考え、それを提供できる存在になろうとする。

当たり前と言えば、当たり前のことです。

しかし、この当たり前のことが、映画会社はできていなかったのです。

環境に適応せよ

あなたはどうでしょうか？

顧客が何を求めているかを考え、それを提供しようと努力しているでしょうか？

顧客が何を求めているかを考えていることで、商品や販売活動は顧客が求めているものを提供できるよう変化しているでしょうか。

「わかっているんだけどな」ということであれば、それはできていないということです。もし、できていないとすれば、あなたの会社も映画会社と同じようになるかもしれません。

経営悪化や破綻に至った会社の多くが、顧客志向ではなく、自社志向、自社の商品志向になっています。売上アップに関心が強い会社はこの志向になりやすいというデータもあります。

本書の第1章でもお伝えしたように、売上も利益も顧客から受け取るものです。「顧客が求めていることを考え、それを提供できる存在になろうと努力すること」

この基本姿勢を持つことで、環境の変化を敏感に感じ取り、自社の事業のあり方を、顧客が求めているものを提供できる方向に変革できるのです。

私たちが、自分の会社の定義を、映画会社の経営者のように「映画会社だ」「映画屋だ」と定義するのではなく、顧客が求めていることを提供する事業として定義すること。これが重要なのです。

自社の商品やサービスを愛することはとても大事なことです。

しかし、自社の商品やサービスを愛することによって、顧客という存在を忘れてしまってはいけません。ともすれば私たちは、売上を伸ばすこと、商品を売ることばかりを考えがちです。

大事なものは、顧客です。顧客が売上と利益の源泉です。

顧客が求めていることを考え、それを提供できる存在になるよう努力する。

環境とは、経済情勢や為替の変動などを指すだけではありません。

最も重要な環境こそ、市場であり、顧客です。

「顧客志向をベースとする環境適応」こそ、経営者が目指すべき会社のあり方だと言えます。

この経営に対する姿勢を持ち、正しい経営戦略を立案実行することで、会社の存続と利益は保証されるのです。

4

「正しい経営戦略」を見つける

あなたの会社は何業なのか？

「自社の事業分野を定義する」を簡潔に言い換えるとすると「我が社は何業か」。

この「我が社は何業か」と捉えることが、いかに重要なことであるかは、映画会社の例で、すでに理解をいただいていると思います。

とても大事なことなので、繰り返して言いますが、事業分野を定義するうえで大事なのは、顧客の求めているものを考え、それを提供できる存在になろうと努力することです。

これが大前提にあることを、決して忘れないでください。

この重要な「我が社は何業か」と事業分野を定義することは、永遠に効果があるわけではありません。**一度、定義された事業は永遠に続くものではなく、陳腐化し、いずれ力を失ってしまいます。**

たとえば、自動車産業です。

「単一製品の車を大量生産し、低価格で提供する」と自社の事業を定義したフォードに対し、ＧＭは、「顧客の生活や所得に応じた多様な車を提供する」と定義していました。

このＧＭの事業の背景には、車を単なる移動手段ではなく、車に多様なものを求める変化に対応していたと言われます。そして、多様な車を生産し販売するために、事業部制を導入し、それぞれの事業部でマーケットを特定し、そこで得られる成果に責任を持ち、事業を拡大していったのです。

トヨタは、トヨタ独自の生産方式「かんばん方式」という仕組みを開発し、ＧＭのマーケットである多品種少量生産の市場に、高い生産性で生産された「高品質、低燃費で良質な車を提供する」という事業で世界へと展開することになります。

ヨーロッパでは、メルセデスやボルボに代表されるように「世界最高の安全性の車を提供する」と定義して、確固たる地位を築きます。

しかし、今まさに「ガソリン車から電気自動車へ」と、大きな環境の変化が起きようとしており、自動車メーカー各社は、新たな事業分野の定義を行い、存続成長を図ることが求められています。

同じ事業定義が永遠に続くことはあり得ないのです。

そして、事業分野が同じでも定義だけが変化することもあります。

たとえば、スーパーです。

ずっと以前は、商店街に八百屋がありました。

今は、商店街さえもなくなり、スーパーのなかで野菜やお肉が販売されています。

街中にある食品スーパーをイメージしてみてください。

子どもが2人か3人、お父さんとお母さんとおじいちゃんとおばあちゃんが住んでいるような家が多いところにあるスーパーだとすると、このスーパーの事業定義は次のようなものでしょう。

「安くて、野菜やお肉、お惣菜、お菓子、パン、牛乳、ジュースなど、ここに来れば人数の多い家庭で必要な食品を提供する」

家族の人数が多いことから、低価格で提供することが求められます。

さらに、ここに来たら何でも揃うことも重要です。

同じスーパーでも、時代とともに子どもの数が減り、高齢の夫婦2人暮らしが多くなった街にあるスーパーの場合の事業定義は、「無農薬の野菜や少し高いが良質のお肉など、体に良い食べ物があり、少量で小分け販売する」というように変化するかもしれません。

一般的には、事業分野が同じでも、時代とともに定義は変化します。また、立地や顧客層によっても事業の定義は変わります。

前者は「大家族向け、低価格で多量多品種の食品販売業」

後者は「良質の食品を、少量小分けで販売する少量多品種の食品販売業」

時代の変化も、顧客層も、立地も、すべて経営環境の一部です。

あなたがこれからの未来においても利益を生み出すためには次のことが重要です。

① 事業分野を定義すること

② さらに、過去から現在、そして現在から未来への経営環境の変化を読むこと

このことをよく覚えてください。

事業分野定義の例

印刷会社　I社

会社に複合機など、綺麗に大量に印刷する機器が導入され、大口の企業が社内で印刷をするようになり、企業からの印刷受注が減少。印刷業という事業では生き残っていけないと判断し、当社が今まで印刷をしていたものにどういうものがあるかを調べたときに、ＤＭなどの販促広告物が多いことに気がついた。

企業が広告を打つ目的は、新規顧客の獲得であることから、マーケティングの知識がある人材を採用し、同時に広告文書の作り方、コピーライティングを学び、コピーライティング事業に乗り出す。

中小企業を対象に、商品やサービスを販売する際のコピーライティングを受注、同時に、従来の印刷に加え、Ｗｅｂ制作事業にも進出。
▽「印刷業」→「コピーライティング、Ｗｅｂ制作、印刷の3事業による販売支援業」

カジュアルメンズレディースアパレル小売業　Ｇ社

自社店舗を持ち、仕入・在庫・販売を行うが、ユニクロやしまむらといった大手アパレル小売の影響を受け、売上が伸び悩み、在庫が増加し、資金繰りも悪化。

アパレルメーカーのなかには、商品開発に注力することで他社との差別化を図り、利益を確保したいにもかかわらず、小売店舗での販売コストが利益を圧迫し、さらに販売リスクを抱えているメーカーがあることを知る。

そこで、自社での小売店舗による販売業から、アパレルメーカーから小売店舗運営を受託する事業分野に事業の主軸を移すことを決定。その後、順調に受託店舗は増え、事業は好転。

▽「アパレル小売業」→「アパレル小売店舗の運営受託業」

旅館業　R社

地方にある歴史のある旅館。

景観は良いが、それ以外で強く集客できるものがなく、周囲の旅館やホテルも、徐々に客足が減少。

本館と新館があり、新館の一部に思い切った客室改装を行い、その結果、これらの客室の売上は増加するが、それ以外の客室の売上は伸び悩む。

団体客誘致、低価格での販売などのいずれの策も利益を圧迫し、さらに資金繰りは悪化。

自社の本当の商品は何なのかを検討し、我が社は複合業態であると定義。

客室は宿泊提供業、調理部門は料理製造業、食事処はレストラン運営業、売店は商品販売業、そして管理部門を事務処理業と捉え、各々に顧客が何を求めているのか、そして、その求めているものをどう提供するかを考え、実行。

▽「旅館業」→「〝宿泊提供業＋料理製造業＋レストラン運営業＋商品販売業＋事務処理業〟の複合業種を運営し、すべての業種で顧客の求めているものを提供する」

レビット教授は、「マーケティングマイオピア」のなかで、前述の映画会社だけでなく、鉄道会社の例も挙げて、事業分野の定義が会社の成長と衰退に強い影響を与えることを説明しています。

「マーケティングマイオピア」では、鉄道会社は、自社の事業分野を「鉄道業者」と定義したことで衰退したとしています。

当時、旅客や輸送の需要が増え続けており、市場の縮小で衰退したのではなく、鉄道という商品や技術に固執したことが原因だとしたのです。

人々が求めているのは、快適な移動でした。

また、貨物を発送し、受け取る人たちは、確実に手元に届くことを求めていました。

鉄道会社が、この顧客が求めていることを考えていたとすれば、自らを「鉄道会社」

「鉄道業者」と定義するのではなく、「輸送会社」「輸送業者」と定義したはずです。

そうすれば、鉄道という商品にこだわらずに、当時の鉄道会社の圧倒的な資金を活かし、トラックやバスでの輸送事業、あるいは飛行機での輸送事業など、顧客の求めているものを提供しようとする存在になり、大きな成長を遂げていたかもしれないのです。


事業分野の定義で成長した会社、衰退した会社の事例は数多くあります。

カード会社のアメリカン・エキスプレスは、元々は「貨物輸送業」です。単なる輸送業ではありません。

エキスプレスというくらいですので、列車を走らせ、「スピーディー」「安全」を強みとした貨物輸送を始めたのです。1850年頃のことです。

その「スピーディー」「安全」を「人よりも荷物が先に届く」「荷物損害全額保証」として商品化し、事業は成長します。

その後、「貨物の輸送」から、「海外に移動する人のサポート業」に事業を再定義し、マネーの輸送として、トラベラーズチェックを世界で初めて発行し、世界各地のアメックスのオフィスは、旅行者にとって安心できる相談案内所としての役割も担っていたと言われています。

この「海外に移動する人へのサポート」としてのサービスレベルは、第一次世界大戦当時の時代においても考えられないくらいの高いレベルでした。

第一次世界大戦が開戦し、ヨーロッパを旅行中のアメリカ人数千人がお金を銀行からおろすことができず帰国できなくなったとき、彼らのトラベラーズチェックを速やかに換金し、帰国便のチケットを手配したのがアメックスだと言われています。

私が、この事例で大事なことだと思うのは、高いレベルのサービスを提供することではなく、やはり顧客が何を求めているかを考え、それを提供しようとする存在になろうとアメックスはしてきたことです。

事業分野の定義に関して、同じことを何度も繰り返してお伝えしてきました。しつこいと思われるかもしれませんが、それだけ重要なことを言っているんだと捉えていただきたいと思います。

それでも、事業分野の定義がそれほど重要でないと考えている経営者は、まだまだたくさんいるのではないかと思っています。

この**事業分野定義は、未来の利益、会社の存続だけでなく、目先の売上と利益を増やすことも実現できる経営戦略の一つ**だということを改めてお伝えしておきます。

あなたの会社の本当の顧客は誰なのか？

事業分野の定義を行うときの重要なこととして、「顧客が何を欲しているかを考え、それを提供できる存在になろうと努力すること」とお伝えしてきました。

この顧客とは、誰のことを指すのでしょうか。

事業分野の定義を行うときに同時に考えなければいけないことが、「この顧客とは誰のことなのか」です。

前述の電気部品卸売業の会社でいうと、部品や部材を実際に発注してくれるのは、電機メーカーの購買部門ですが、それを使っているのは、製造部門です。また、製品に部品や部材を組み入れると決定したのは、設計部門です。

この電気製品を購入し使用しているのは、企業や一般消費者です。

さて、この電気部品卸売業の会社にとって、本当の顧客は誰なのでしょうか？

食品スーパーがあります。

食品スーパーは、野菜や果物、魚やお肉、飲料など、さまざまな食材や食品を販売しています。

おそらく、食品スーパーに買いに来る人は、家で調理をする人が多いと思います。

しかし、その料理は調理した人だけが食べるのではなく、家族も食べると思います。

その家族のなかには、糖尿病で食事に気をつけなければいけない人がいるかもしれません。食べ盛りの子どももいるかもしれません。体力が少し落ちてきた父親や母親も一緒に食べることも考えられます。受験生もいると思います。

家族と言っても、一括りにすることはできません。

販路構造図

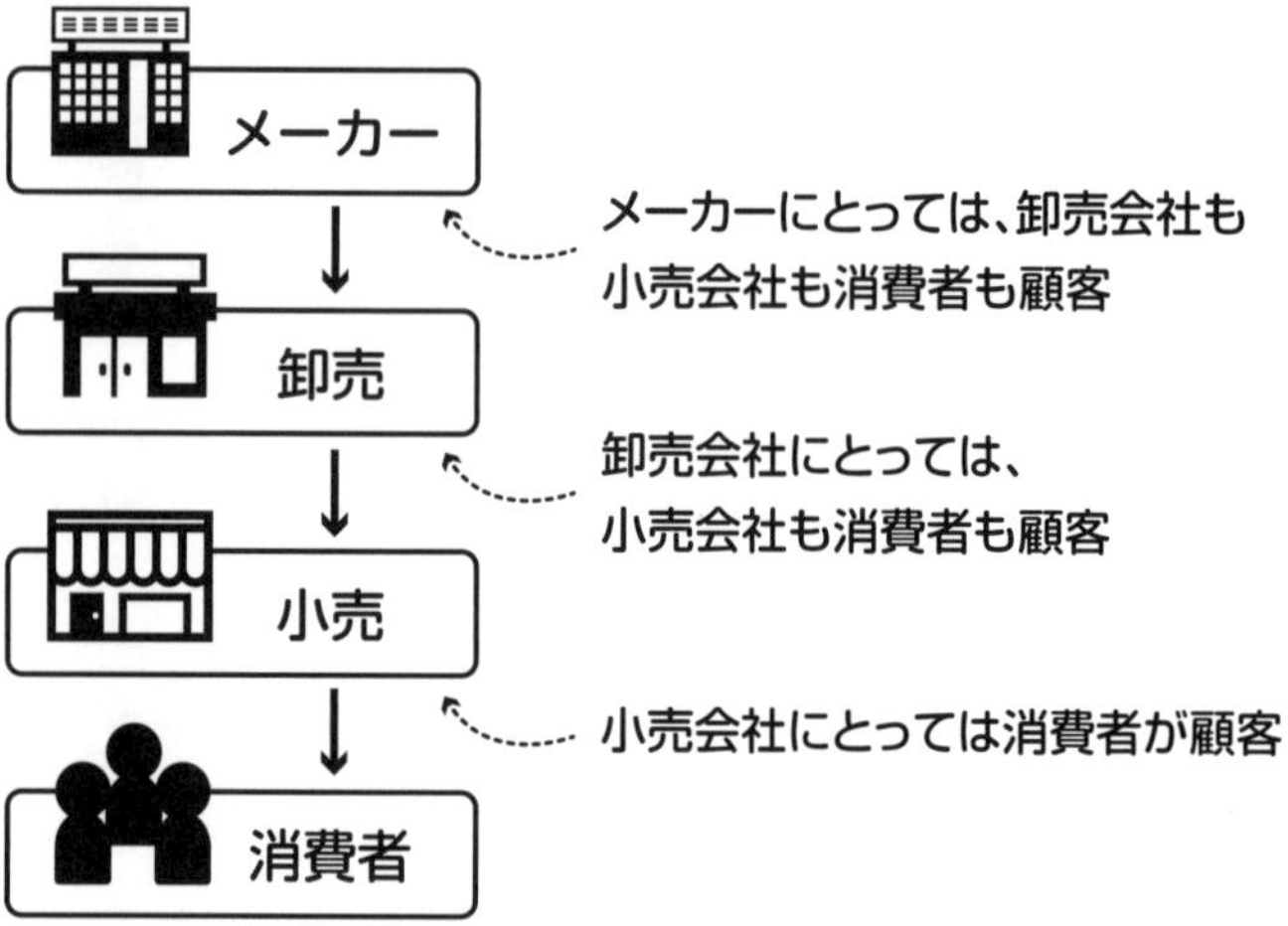

メーカー
卸売
小売
消費者
メーカーにとっては、卸売会社も小売会社も消費者も顧客
卸売会社にとっては、小売会社も消費者も顧客
小売会社にとっては消費者が顧客

このスーパーにとって、本当の顧客は誰なのでしょうか？

流通の視点から言えば、商品が生産されて最終消費者の手に届くまで関わる人すべてが、顧客にもなり、売り手にもなり得ます。

実は、重要なことは、**「本当の顧客は誰なのか」と考えるのではなく、「本当の顧客を誰にするのか（誰だと定義するのか）」と考えること**です。

電気部品卸売業の会社や食品スーパーが「本当の顧客を誰にするか」によって、売るものである商品も変わり、販売方法（売り方）も変わります。

商品や販売方法のベースにある事業分野の定義も変わります。

電気部品卸売業の経営者（116ページ）が、今年の利益を、将来の存続と利益のためにと、商品開発や技術開発、組み立て事業など新規事業に投資するのは、この経営者が「我が社の本当の顧客は、電機メーカーの設計や購買の担当者だけでなく、電機メーカーの製品を使用している消費者と、さらに、この電機メーカーの経営者だ」と定義したからです。

電化製品を使用する消費者が求めるのは、おそらくですが、安くて機能的な商品でしょう。

電機メーカーは、この消費者のニーズに対し、少しでも他社よりも低価格で、かつ高機能の商品を提供したいと考えます。

電機メーカーで、この問題意識を最も強く持っている人、それは経営者です。購買部門や製造部門、設計部門なども同じ問題意識を持っているとは思いますが、大企業の組織になれば、それぞれの思惑や考えもあります。

この電気部品卸売業の経営者は、消費者の求めていることを何としても提供したいと考えている「電機メーカーの経営者」を「本当の顧客」と捉え、その経営者の欲していることを提供するために、今年の利益を犠牲にしてでも新たな取り組みを行うことにしたのです。

ちなみに、この経営者は、自社の事業分野を次のように再定義しました。「我が社は、顧客であるメーカーのコストダウンを支援する会社である」

この会社は、その後、売上を１４０億にまで伸ばし、利益も大きく増やし、今現在も隆々たる事業を展開しています。

もう一つの例に挙げた食品スーパーで考えてみます。

食品スーパーも、電気部品卸売業と同じように、誰を本当の顧客とするかで、事業分野の定義も、販売する商品やその販売方法も大きく変わります。

本当の顧客を、育ち盛りの子どもがいる家庭だと定義すればどうなるでしょうか。

とんかつやコロッケ、唐揚げ、焼肉などのお惣菜やその食材、少し量が多めにパックされた袋詰めの野菜。時間がなくても手軽に料理できる冷凍食品や半調理食品など。育ち盛りの子どもの家庭が求めるものを充実させ、さらにその価格をできるだけ低価格で提供しようとするはずです。


このときの事業分野定義は、「食品小売業」ではありません。

「我が社は、調理に時間のかからない食品、多めに袋詰めした食材を低価格で提供する、育ち盛りの子ども家庭への低価格食品提供業」と定義するかもしれません。

あなたの会社の本当の商品は何なのか？

映画会社の例を使って話を進めたいと思います。

映画会社が、事業分野を「映画会社」ではなく、「娯楽提供会社」と定義したとすると、この映画会社の商品は、「娯楽」だということができます。

娯楽を提供するものと言うと、映画だけでなく、
・ゲームセンター

・ボウリング
・卓球　など
いくつもの娯楽が商品として提供できると考えられます。

しかし、映画会社が自社の商品を「映画」と捉えると、「映画」以外を提供することは思いつくはずがありません。

自社の商品をどう定義するかで、会社の将来に向けて成長の可能性が大きく拓けたり、あるいは衰退することがあり得ます。

さらに、同じ映画会社でも別の会社は、自社の商品を「映像を制作する技術」だとすると、映画だけでなく、ＣＭなど広告宣伝のための映像や記録映像など、あらゆる映像を制作するための技術を提供する、「映像技術提供会社」として成長していくことも考えられます。

同じ映画を取り扱っていても、我が社の商品を「映画」と定義する会社と、「映像技術」と定義する会社で、事業の定義も変わり、会社の成長性も変わるのです。

商品の定義をどうするかで、成長の可能性が拓けるのであれば、経営者の誰もが成長できる商品を定義したいと考えると思います。

参考までに、実際に私がコンサルティングで活用している「成長する商品分野であるかどうかの視点」を挙げておきます。

あなたの会社の商品分野に対し、チェックポイントとして使ってみてください。

□今の事業分野と整合性があるか
□新たに定義した商品やサービスの対象となる市場は、成長性が高いか
□同じ商品分野の企業がすでに存在しているか
□存在している場合、その競合している企業は少ないか
□競合している企業は成長しているか
□この商品分野には、ノウハウや技術などの参入障壁はあるか
□我が社は、この商品分野に関するノウハウをすでに持っているか
□我が社が、この商品分野に進出するに際しての資金は確保できているか
□進出後のこの商品分野の収入と支出は、６カ月以内に収入が支出を上回るか

スターバックスの本当の商品と本当の顧客

スターバックスには、おそらくあなたも一度は行ったことがあるのではないでしょうか？

スターバックスの商品は、コーヒーやジュース、そしてサンドイッチなどの飲み物と気軽に食べることができる軽食です。

そして、スターバックスに実際に行くと、パソコンで仕事をしている人、本を読んでいる人、打ち合わせをしている人、友達とおしゃべりをしている人、勉強をしている人など、実にさまざまな人がいます。

そのスターバックスに来ている人たちを観察してみると、スターバックスに来る人全員が、コーヒーや何か飲んだり食べたりするために来ているのではないようです。

おそらくですが、何かをするために、「場所」を探し、どこが良いかと考え、スターバックスを選択した人が多いのではないかと思います。

スターバックス自身「Third Place」と言い、自宅や会社でもない3番目の場所を、顧客に提供することをうたっています。

また、スターバックスの「Our Mission」には、「誰もが自分の居場所と感じられる空間」という表現をし、顧客に自分の居場所として、くつろぎの空間として思い思いの時間を過ごしてもらうことを目指すとしています。

このことから、スターバックスの商品の一つに、「自分の居場所として空間を提供する」というものがあると考えられます。

そして、この商品が、スターバックスの看板メニューであるコーヒーやアレンジした飲み物と肩を並べるくらい重要な本当の商品の一つになっているのです。

顧客は、この本当の商品の価値を理解し、これを求めている人たちです。

では、この本当の商品を他の同業者が真似をして提供することで、スターバックスを超えることができるかというと、それはそう簡単ではありません。

目に見える空間だけを同じようにしたとしても、スターバックスには及びません。

ここでいう本当の商品とは、物で表現される商品だけでなく、オペレーションや振る舞い、言葉遣いなどの接客レベルも含まれるものであり、それが物で表現されている商品と同質でなければなりません。

さらに、来店する顧客が同質になることで、この商品はさらに強固なものとなり、競合他社が真似をしても、スターバックスにはかなわない……となるのです。

仮に、あるお店がスターバックスと同じようなコーヒー、同じような空間の真似をしたとしても、事業分野の定義が違う以上、コーヒーと空間以外のすべてがスターバックスとは違うことから、顧客は異質な違和感を覚えるはずです。

高級なフランス料理店に、ガヤガヤと短パンとTシャツ姿の人たちが入ってきたら異質に感じると思います。

つまり、スターバックスの居場所としての空間、コーヒーなどの物として提供しているデザインや品質、スターバックスに来る顧客の雰囲気、これらが同レベルの質であることがスターバックスとしての本当の商品になっているのです。

このことは、何もスターバックスに限ったことではありません。

ほぼすべての業種、会社で当てはまることです。

商品と顧客は同質になるべきであり、そうなるように企業は顧客を選び、求める顧客から選んでもらえるような努力をしなければなりません。

この努力が、実は事業分野の定義なのです。

事業分野の定義は、経営理念や経営方針、経営計画、組織風土など会社の重要なところに表れます。

顧客は、なぜ、あなたの会社から買ってくれるのか？

もう一つ、重要なことがあります。

それが、「なぜ、顧客は、我が社から買ってくれるのか」ということです。

先ほどのスターバックスで言うと、居場所として空間を提供している会社は他にもあります。ホテルのロビーやホテル内のカフェ、スターバックスと同業のカフェチェーン、マクドナルドなど。

スターバックス以外にもたくさんあるにもかかわらず、スターバックスの顧客は、なぜスターバックスを選ぶのでしょうか。

たまたまスターバックスが近くにあったという場合もあるかもしれませんが、わざわざスターバックスまで足を運んでいるという顧客も少なくないと思います。

「なぜ、顧客は我が社から商品を買ってくれるのか」

この質問は、今までお伝えしてきた我が社の本当の商品は何なのか、我が社の本当の顧客は誰なのかと深く関係しています。

我が社から買ってくれるのは、そこにそれだけの商品価値があるからです。

先ほど、「我が社の本当の商品は何なのか」の項では、どう定義するかで成長の可能性を拓くこともできれば、衰退の可能性を高くすることもあり得るということをお伝えしました。

我が社の商品をどう定義するかと言うことに加えて、この我が社の商品の価値を高めることを忘れてはいけません。

では、この商品価値を高めるためには、どうすればいいのでしょうか？

商品価値を高めるための考え方として、差別化という観点から考えてみます。

差別化戦略では、マイケル・ポーターの差別化戦略、コストリーダーシップ戦略、集中戦略が有名です。また、マーケティングコンサルタントの書籍も多くあります。マイケル・ポーターの競争戦略は、とても有名です。しかし、中小企業経営者のなかで、この競争戦略を自社に当てはめ、現状分析し、戦略として実行している人は、きわめて少数だと思います。

多くの経営者は、「どう使ってよいかがわからない」というのではないでしょうか。

そこで、ここでは、どのような規模の会社でも、業種でも、差別化するためのヒントをお伝えします。

ドラッカーは次のように言っています。

> 経済的な業績は、差別化の結果である。差別化の源泉、および事業存続と成長の源泉は、企業の中の人たちが保有する独自の知識である。成功している企業には、常に、少なくとも一つは際立った知識がある。そして全く同じ知識を持つ企業は存在しない。
>
> 『創造する経営者』

「差別化の源泉は、知識にあり、それが、商品やサービスにつながっていなければならない」ということです。

「知識が差別化の源泉」というと、「ん?」という方もいるかもしれません。

ここでいう「知識」は、言葉通りの知識ではなく、ノウハウや経験なども含まれます。

知識やノウハウ・経験は、どのような会社でもあるはずです。

これらの知識が商品やサービスなどに活かされ、差別化が行われます。

大事なことは、これらの知識が、他社にはない際立ったものであるかどうかです。

「いや、そんなものはないよ」というかもしれません。

しかし、あなたの会社が、今現在ここに存在しているということは、必ず、他社にはない知識やノウハウ・経験があるのです。

仮に、売上が伸び悩み、利益が減少しているとすれば、それが他社と際立っていない、すなわち差別化できなくなってきていると言えます。あなたの会社にある知識やノウハウ・経験を共有し、高めることに取り組んでください。

知識やノウハウ・経験は、「行動」から生まれます。

社員一人ひとりの行動の結果から得られた、成功と失敗の蓄積が知識になり、ノウハウになり、経験になるのです。

そして、それが商品やサービス、仕事の仕方などの業務、事業、顧客（市場）に活用され差別化されるのです。

こうして、活用された知識だけが利益を生みます。

「集中」の重要性

もう一つ大事なことがあります。

他社との差別化がたくさんあればあるほど良いのかと言うと、そうではありません。

大事なことは、「集中する」ということです。

それは、行動から得られた知識やノウハウ・経験を、特定の商品やサービス、業務や事業、顧客（市場）に集中させることです。多ければ良いだろうと思うかもしれませんが、それでは成果を手に入れることはできません。

知識を活かす場を特定し、集中することを実践してみてください。

介護施設に給食事業を展開している会社を例に挙げます。

この会社は、朝昼夜の「3食の食事」を、さまざまな規模の介護施設で提供しています。

顧客には、部屋数が少なく提供する食事数が少ない施設もあれば、部屋数が多い施設もあります。

当然、提供する食事数が多くなれば、そこで調理する人数も多く必要になります。調理場で働く人数が多くなれば、人件費のコストが増加し、さらに、食中毒などのリスクも高まります。

また、調理する数が増えるわけですから、品質、量にバラツキが表れ、食材ロスも増加しやすくなります。

このように、食事を提供する数が増えれば増えるほど売上が増えるだけでなく、コストとリスクが増加することになるのです。

食事数が20食の施設と同じ仕事の仕方を、食事数が100食の施設でやると、単純に人数もコストも5倍になってしまいます。
(注) 実際は5倍までにはなりませんがわかりやすく説明しています。

このとき役に立つのは、知識であり、過去の経験であり、ノウハウです。

これらを活かして、仕入を他の施設とともに共同仕入方式にします。食材ロスを減らす献立を研究し、食中毒などのリスクをなくすために、調理方法や動線などを標準化し、量と質のバラツキを抑える調理方法を生み出し、食事の提供数が多くなっても、コストを下げ、利益を増やすことを実現しています。

これらの行動によって、顧客である施設に対して、食中毒のリスクを減らし、安全で安心な食事を、低価格で提供することができるわけですから、これらの行動すべてが商品にもなり、差別化にもなっていると言えます。

この給食会社の商品は、「3食の食事」ではなく、「清潔感あふれる安全安心で、かつ低価格な食事を提供できる技術」で、それを実現しているのが「知識」なのです。

このように知識を積み重ね、共有し、業務に活かすことが、他社との差別化につながっています。

知識を活かした差別化は、多くの会社で実践できるはずです。

やっていただきたいことは、あなたの会社が持っているノウハウや経験、実績、そして知識を箇条書きで書き出し、それと対比するように、顧客の求めていることや悩んでいること、困っていることを書き出してください。

そして、あなたの会社が持っている知識、または今後高めることができる知識が、顧客の求めていることなどを、どのようにして解決できるかを考え、整理してください。

最後に、これらの知識を高めることが、他社との差別化を強化するかどうかを検討してください。

知識を高め、組織で共有することが、他社との差別化につながるということを理解できると思います。

差別化を考えるスタートは、「商品やサービス」ではなく、商品やサービスはゴールとして最後に現れる姿です。

差別化のスタートは、「知識やノウハウ、経験の蓄積」からです。

経営戦略とその活用③

ＡＭＴＵＬの法則

ＡＭＴＵＬは、購買意思決定プロセスを表したものとして知られています。

消費者向けのビジネスでよく使われると思われていますが、企業を対象とするビジネスでも、顧客構造の改善や販売活動の改善にその効果は絶大です。

このＡＭＴＵＬを私が初めて知ったのは、キーエンス在職中でした。当時、キーエンスは大証二部で、東証一部を目指していたときです。

「継続的売上という結果を得るためには、むやみやたらに営業をするのではなく、顧客（見込客）をいくつかに分類し、その分類された顧客を、いかに増やしていくかが営業活動だ」

こういうことを指導されました。

この考えに基づいて毎日の営業活動をするように指導され、毎日ミーティングを行っていました。当時、あまりこの理論を理解していたわけではなく、とにかく言われた通りしないと〝恐怖の営業会議〟が待っていたので、できるだけ素直にやっていたことを覚えています。

いつも素直にやっていたわけではありませんでしたが、このAMTULのおかげで、常に営業成績は上位にあり、事業部ではたしか2度のトップ、2位や3位でも数回表彰されました。

その後、大手経営コンサルティング会社においても、AMTULの活用を学びました。今でもコンサルティングの現場で活用するだけでなく、当社でも活用しています。

この活用方法はとても簡単です。

自社のA・M・T・U・L、それぞれの件数を把握し、それを当てはめることで、現在の顧客構造がわかります。

どれだけの販売活動をすれば、ユーザー（使用客）と愛用客を増やすことができるかを予測し、効果的・効率的な販売活動を行うことができます。

AMTULの法則

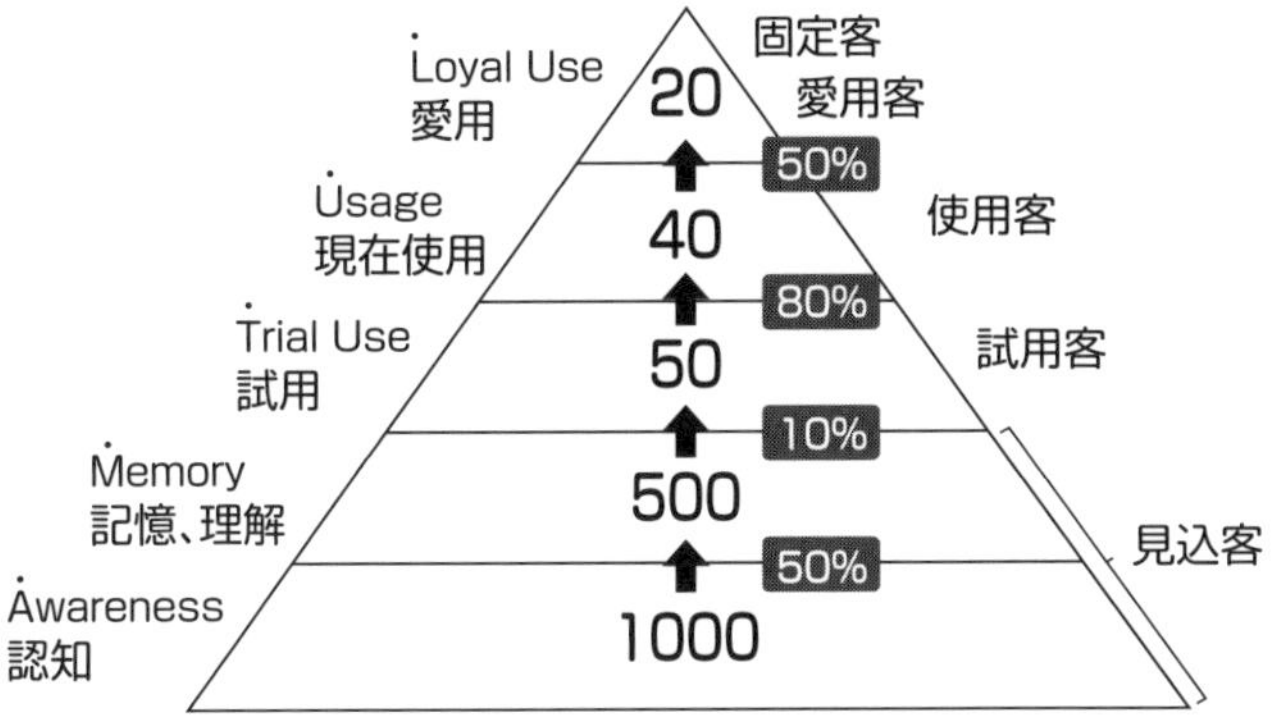

A・Mは把握するのは難しいと思いますので、自社サイトへの訪問者数、DMなどの発送者数、展示会などへの来場者数など自社の販売活動の最もベースになっている活動をMとします。そこからどれだけの人が試用客になっているか、ユーザーになっているか、愛用客になっているかを測定します。

これがステップアップ確率になり、この確率をツールやトークなど営業活動の標準化などで上げることに取り組みます。

また、商品価値の向上も重要な検討課題です。

試用客が多いのに、ユーザーになる数が少ないという場合、フォローが不十分というだけでなく、商品価値が低いことも考えられます。

このような課題を一つひとつ改善してください。

AMTULは「法則」です。**三角形の下側より上側が多くなることは絶対にありません。**

いかに**コストを抑えて、効果的に三角形の下側を増やしていくか。**

同時に、**ステップアップ確率をいかにして上げるか。**

この2つがAMTULを使った顧客構造変革による売上最大化戦略です。

経営戦略の実践と落とし穴

第4章

ここまで、中小企業経営者の方々が、今と未来の利益と存続を実現するために活用できる経営戦略についてお伝えしてきました。

しかし、難しいところやわかりにくいところもあったと思いますので、要点をまとめながら、活用について説明を加えておこうと思います。

第2章、第3章と本章を行ったり来たりしながら、理解を深めていただきたいと思います。

1

今の利益を増やす経営戦略

利益が生まれる売上と利益を失っている売上

売上の中に利益は含まれていますが、必ずしも売上が増えれば利益も増えるというわけではありません。

売上が増えているにもかかわらず、利益を失っている売上もあるのです。

私たち経営者が利益を確実に増やすには、この利益を増やす売上と利益を増やしてくれない売上の違いを把握しておく必要があります。

第1章では、売上が1億だった会社が、その売上を1億3000万に増やしたときに利益がどうなるかについて、図表を使って説明しました。

売上が増えれば利益も増えるのか、売上は増えたのに利益は減らすのかを決定しているのは、売上と変動費を分解した単価と数量です。

売上の場合は、売上＝販売単価×販売数量

変動費の場合は、変動費＝変動費単価×販売数量

（注）変動費単価は単位当たり変動費のことです。

この算式の数値がどうなるかによって、売上増にもかかわらず、利益減が起きるのです。

次ページを参考に、この算式についての理解を深めてください。

売上と変動費の中身

変動費単価 =
@100万 × 40% = @40万

※どの場合にも共通する
前提条件です

売上増加	利益減少
	（単位：円）
売上高	1億3020万
変動費	7440万(57%)
限界利益	5580万
固定費	6000万
経常利益	**▲420万**

1億3020万 = @70万 × 186件

@40万 × 186件 = 7440万

販売数量を増やすために、単価を
引き下げて、売上を増加させた場合

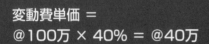

売上が増加したときの

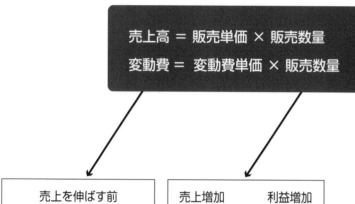

売上高 ＝ 販売単価 × 販売数量

変動費 ＝ 変動費単価 × 販売数量

売上を伸ばす前

（単位：円）

売上高	1億
変動費	4000万(40%)
限界利益	6000万
固定費	6000万
経常利益	**0**

1億 ＝ @100万 × 100件

@40万 × 100件 ＝ 4000万

売上増加　　利益増加

（単位：円）

売上高	1億3000万
変動費	5200万(40%)
限界利益	7800万
固定費	6000万
経常利益	**1800万**

1億3000万 ＝ @100万 × 130件

@40万 × 130件 ＝ 5200万

単価はそのままで、販売数量を
増やして、売上を増加させた場合

選択と集中と貢献利益重視戦略

企業には、ヒト・モノ・カネ・時間といった経営資源があります。

これらの経営資源を最も利益が増加するものに集中させることが、短期間で利益を大幅に増加させる方法であることは言うまでもありません。

そこで、最初にやるべきことは、「選択」です。

この**「選択」は、「どこで、どれだけの利益が生まれているのか、どこで、どれだけの利益をなくしているのか」を把握すること**を言います。

このときの利益は、貢献利益です。

また、「どこで利益が生まれているか」の「どこで」は、顧客と商品のことです。

すなわち、商品別、顧客別に貢献利益を把握すること、これが「選択」という意味です。

この貢献利益を計算することは、それほど難しいことではありません。

・さまざまな費用を、どう振り分けるかということ

・商品別、顧客別に売上や費用の数値データを集めること

この２つができれば、**貢献利益を把握し、あとは利益が増えるところに「集中する」**だけです。

費用を振り分けるルールは、売上に直接関係する費用としない費用とに分け、関係する費用は、限界利益と貢献利益の間の固定費Ｂに、関係しない費用は、顧客別、商品別に振り分けるのではなく、顧客別貢献ＰＬ（179ページ）のように合計の貢献利益から差し引きします。

売上高の上に、売上と変動費を分解した４つの項目があります。

これら４つの項目について、顧客や商品別に、把握できている会社もあれば、できていない会社もあると思います。この数値も「選択」をするうえで非常に重要なことを教えてくれる情報数値ですので、「この数値は、わからないな」という経営者の方は、この数値をどう集めていくか、把握していくかに取り組んでください。

顧客別貢献ＰＬを自社で作成し、売上を10％増やしたときに、どれだけ利益が増えるのかというシミュレーションをすることで、利益が増加しやすい商品や顧客、増加しにくい商品や顧客がわかると思います。

利益が増加しやすい商品や顧客に集中し、増加しにくい商品については、販売単価や販売数量、変動費単価の改善を検討してください。（180ページ）

販売単価×販売数量戦略

売上は、販売単価×販売数量の掛け算の結果です。

この算式を踏まえて、販売単価も上げ、販売数量も増やすことができれば、売上は最大となり、利益も増加します。

中小企業で時々見られるのが、「売上を上げろ」という指示です。

このとき営業担当者は、売上を上げることを求められていると考え、売上を上げようとします。単価を上げて売上を伸ばす、あるいは販売数量を増やして売上を増やすなど、売上を分解して売上を上げることは考えていないはずです。

この売上の上げ方では、利益は置き去りです。

顧客別貢献ＰＬ

株式会社○○

貢献利益表　　　　●月度

	顧客別	本社 計画	本社 実績	A社 計画	A社 実績	B社 計画	B社 実績
	販売単価						
	1個あたり変動費						
	1個あたり限界利益						
	販売個数						
	【売上高】						
	売上高						
	【変動費】A						
	仕入高						
	材料仕入高						
	【限界利益】						
	【固定費】B						
その商品を販売するのに直接関係する固定費	給料手当(原価)						
	法定福利費(原価)						
	福利厚生費(原価)						
	消耗品費(原価)						
	地代家賃(原価)						
	～						
	リース料(原価)						
	雑費(原価)						
	【貢献利益】						

		本社 計画	本社 実績
	【固定費】C		
間接部門など商品の売上に直接関係しない固定費	**【人件費】**		
	役員報酬		
	給料手当		
	法定福利費		
	福利厚生費		
	【販管費】		
	広告宣伝費		
	旅費交通費		
	消耗品費		
	～		
	雑費		
	【営業利益】		

単価・数量マトリクス

		販売数量		
		そのまま	増やす	減らす
販売単価	そのまま	これでは売上は増えない	利益を増やすには、変動費（変動費単価）を下げること	売上減少
	上げる	単価アップを可能にするだけの商品価値を上げること	これができれば利益は最大になる	単価アップを可能にするだけの商品価値を上げること
	下げる	これでは売上は増えない	赤字になりやすく、相当の販売数量アップが必要	あり得ない

※ ■ 部分　難しい戦略

経営は、売上競争ではありません。

経営には、利益をどれだけ獲得するかが求められます。

「売上を上げろ」から「単価を5%上げろ」「販売数量を10%増やせ」というように、販売単価と販売数量にフォーカスして売上アップに取り組む会社だけが、売上増による利益増を実現できるのです。

それには、あなたの会社における、商品別の販売単価と販売数量と利益の生まれ方を把握し、販売単価と販売数量について、どういう戦略を持つのかを検討しておく必要があります。

顧客別貢献ＰＬ（前ページ）と単価・数量

マトリクス（前ページ）を使って、販売単価と販売数量の戦略を検討してください。

費用削減戦略

費用には、変動費と固定費があります。

多くの場合、試算表や月別実績推移、前年比などを見て、削減を検討する会社が多いと思います。しかし、この方法では大して削減は進みません。

仮に、削減目標を決め、実行に移したとしても、その削減は長く続かず、いつの間にか元に戻っているということもあります。

削減を成功させるには、**数値を見て削減を検討するのではなく、コストが多くかかっている科目の中身、すなわち行動や活動にフォーカスし、それを止めること、減らすこと**です。

数値は、行動の結果です。原因である行動や活動を洗い出し、それを止めること、減らすことで、定着する削減が実現できるのです。

2

未来の利益と存続を保証する経営戦略

「正しい経営戦略」を実践せよ

映画会社や電気部品卸売業、自動車メーカー、食品スーパー、印刷会社、アパレル小売業、旅館業、アメックス、スターバックス、給食会社などさまざまな業種の例を挙げて、未来の利益と存続のための経営戦略について、説明をしてきました。

1　正しい経営の基本姿勢を経営者が持つこと

・顧客が欲しているものを提供できる存在になろうと努力する

（注）顧客ニーズを把握することと似ているようですが、違います。

2　基本姿勢を踏まえて、自社の事業分野を定義すること

・あなたの会社は何業なのかを定義する
・商品志向ではなく、顧客志向に立つ
・あなたの会社の本当の顧客を定義する
・あなたの会社の本当の商品を定義する

これらについてお話をしてきましたが、付け加えないといけないことがあります。

実際に、どういう手順でどうすればいいのかについて、説明をしていないからです。

ここから、未来の利益と存続を手に入れるための経営戦略の策定の手順についてお伝えしたいと思います。

顧客が欲しているものを提供できる存在になろうと努力するという姿勢が、私たち経営者が持っておくべき経営に対する基本姿勢であることを大前提にします。

顧客だけが、売上や利益の源泉であり、商品や販売活動はそのための手段です。

その顧客を置き去りにした経営戦略では、利益も存続も保証されるわけがありません。

ただし、ここで一つ注意したことがあります。それは、盲目的に顧客第一主義、顧客絶対主義を採りなさいということではありません。

お客さまは神様と捉えるのではなく、お客さまを対象とすることで初めて事業活動はその価値が生まれます。顧客志向でなければ事業活動とは言えないのです。

KFSを手に入れろ

正しい経営戦略のゴールは、KFSを手に入れることです。

ここでは、このKFSを手に入れる手順を説明したいと思います。

KFSとは、Key Factor for Success の略です。日本語では、「成功要因」と表現するのが一般的です。

KFSという言葉は聞いたことがある人も多いと思います。しかし、実際にきちんと分析し、ＫＦＳの獲得を経営目標として実践している中小企業経営者は、私の経験からは10％もいないように思います。

ここでいうＫＦＳとは、中小企業経営において存続成長を実現する成功要因のことを指します。

すでに説明した事業分野の定義は、このＫＦＳを見つけるためにあります。

ＫＦＳは、その事業を成功に導く要因であり、事業定義が環境に適応していない状況や事業定義が曖昧で定まっていない会社では、その事業におけるＫＦＳを見つけることは不可能だからです。

映画会社の例でわかる通り、事業分野を定義するには、会社の置かれている経営環境を把握しなければなりません。

我が社は何業かという事業分野を定義する前にやるべきことは、経営環境の把握です。

手順❶ 経営環境を把握する

順風満帆だった大企業が、低迷し挫折し、危機に直面する。方法が下手だからではない。正しく行っている。実を結び得ないことを行なうようになったにすぎない。事業の定義としてきたものが、現実にそぐわなくなったためである。

『未来への決断』

映画会社の例で明らかのように、経営環境は変化を続けます。

我が社は何業かという事業分野の定義も、それにあわせて変化し、適応していかなければなりません。そのために経営環境を把握していただきたいのです。

経営環境は、売上や利益の変化を見て検討します。

（注）経営環境を分析把握するためのシートは、経営環境・ＫＦＳ検討シートとして後掲します。

過去の売上や利益が増減したときの経営環境、強みやあなたの会社が採った施策（成功した施策だけでなく、失敗した施策も含めて）を記入してください。

経営環境には、内部と外部があります。

内部環境は、主に経営理念や経営方針、ヒト・モノ・カネ、商品分野や営業、生産、開発などの会社の主要機能。

外部環境は、主に市場（顧客）と競合。他に、経済情勢や金融、為替情勢、人口動態、生活スタイル、技術、政治・法律など。

これらの状況や特徴について記入してください。

一番下にＫＦＳがありますが、過去のＫＦＳは、経営環境や施策などの記入した内容を見ながら、なぜ成功したのか、なぜ失敗したのかを考えることで見つけ出します。

未来のＫＦＳは、経営環境の変化、事業分野と本当の顧客、本当の商品の定義から、考察し見つけ出します。

見つけ方は、「手順③ ＫＦＳを見つけ、手に入れる」を参考にしてください。

検討シート

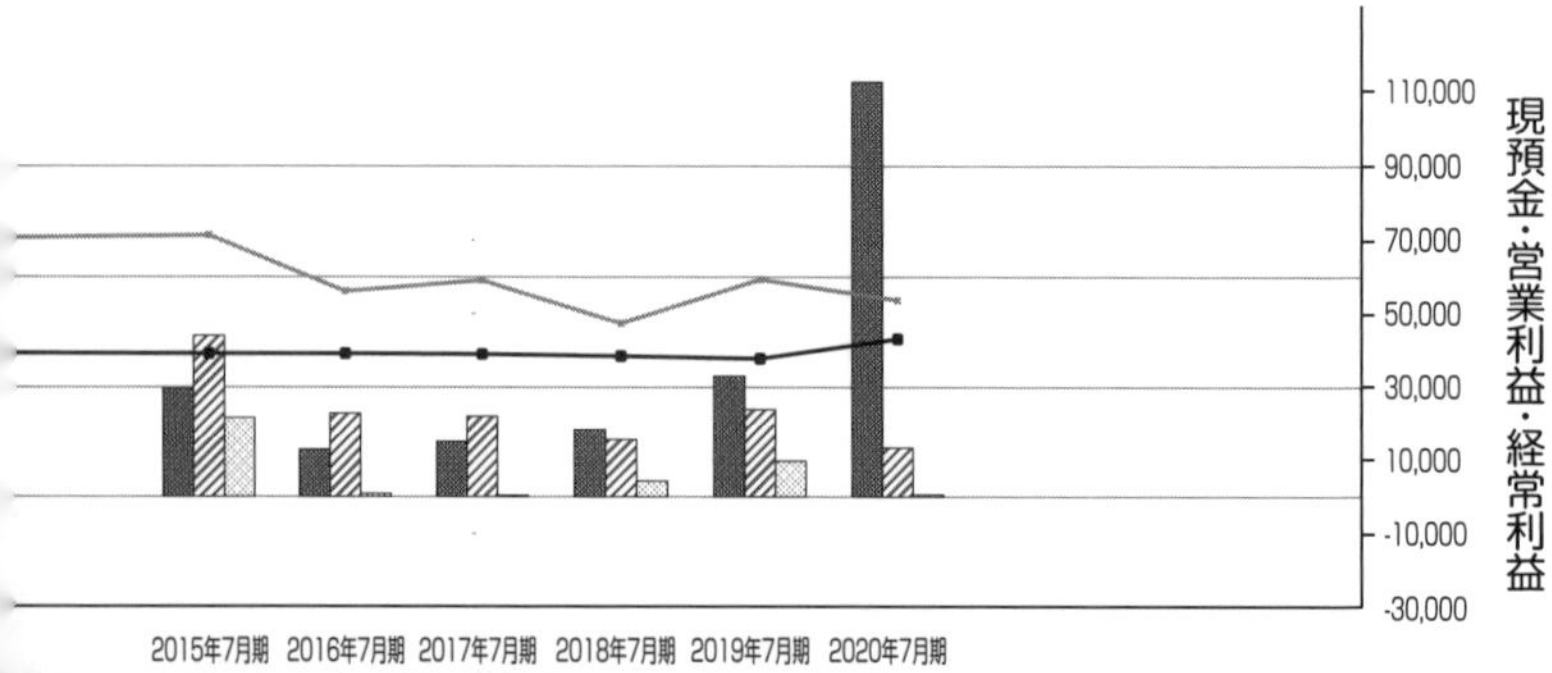

	2015年7月期	2016年7月期	2017年7月期	2018年7月期	2019年7月期	2020年7月期	2021年7月期	2022年7月期	2023年7月期
	実績	実績	実績	実績	実績	実績	予測	計画	計画
	1,188,000	934,000	984,000	789,000	988,000	894,000			
	44,000	22,800	22,000	15,560	23,900	13,360			
	21,600	850	390	4,300	9,750	610			
	29,500	12,860	14,980	18,300	33,000	113,200			
	652,000	652,000	649,600	640,700	629,600	718,800			

	2015年7月期	2016年7月期	2017年7月期	2018年7月期	2019年7月期	2020年7月期	2021年7月期	2022年7月期	2023年7月期

経営環境・KFS

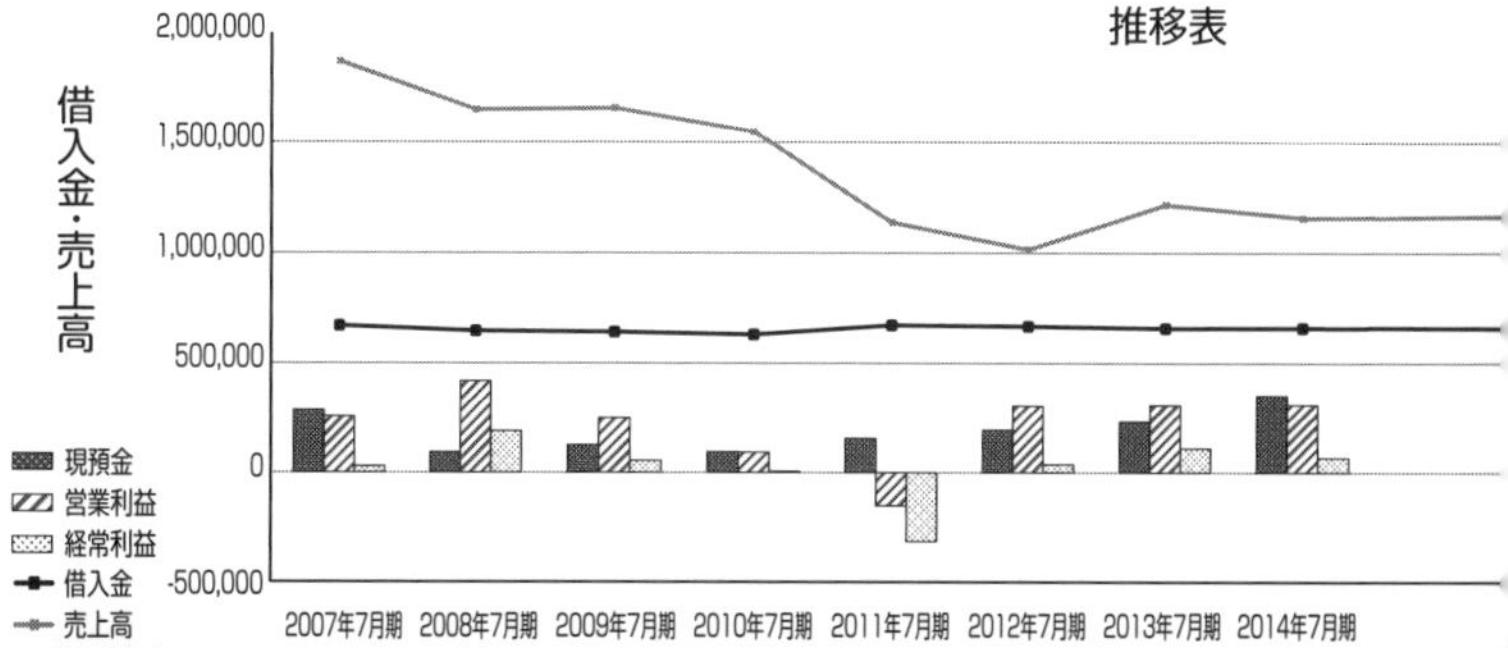

	2007年7月期	2008年7月期	2009年7月期	2010年7月期	2011年7月期	2012年7月期	2013年7月期	2014年7月期	
	実　績	実　績	実　績	実　績	実　績	実　績	実　績	実　績	
売　上　高	1,870,913	1,651,062	1,658,000	1,549,000	1,137,000	1,013,000	1,217,000	1,157,000	
営 業 利 益	15,259	25,019	14,860	5,530	-9,050	18,300	18,500	18,600	
経 常 利 益	1,716	11,307	3,280	350	-18,800	2,200	6,600	4,000	
現　預　金	16,940	5,509	7,500	5,620	9,300	11,600	13,900	21,000	
借　入　金	667,836	644,322	639,220	627,670	669,900	664,700	655,900	657,100	

	2007年7月期	2008年7月期	2009年7月期	2010年7月期	2011年7月期	2012年7月期	2013年7月期	2014年7月期	
経営環境（社内、市場、競合、社会・経済情勢等）									
強み									
成功した施策									
失敗した施策									
KFS									
事業分野の定義									
本当の商品									
本当の顧客									

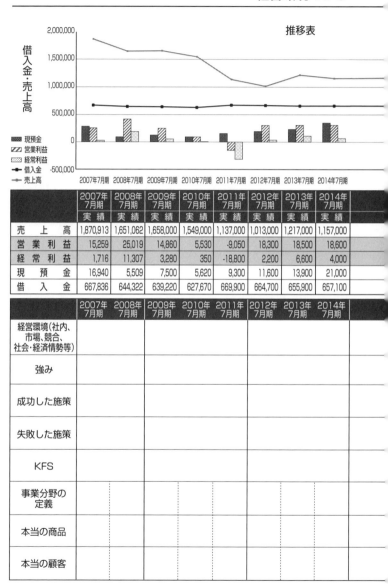

手順② 事業分野を定義する

経営環境を踏まえて、我が社の事業分野を定義します。

このとき、

・その事業に自社の強みが活かされているか
・その事業に成長性はあるか
・その事業に競合する大手企業はないか
・自社の他の事業と相乗効果があるか

この4つのポイントで、その事業分野の定義が適切かどうかをチェックしてください。

この事業分野の定義を行う際に同時にやっていただきたいことがあります。
それは、我が社の「本当の商品」と我が社の「本当の顧客」を定義することです。
事業は、顧客なくして存在し得ません。
また、事業を利益に転換するものが商品、サービスです。

第3章を参考に、事業分野、商品、顧客の定義には、しっかりと時間をかけて検討を行ってください。

手順③　KFSを見つけ、手に入れる

経営環境が把握でき、とりあえずでも、事業分野と商品、顧客の再定義ができたら、KFSを見つけることに取り組みます。

「企業は環境適応業」ということを聞いたことがあると思います。書籍やネットでもこの言葉は頻出します。しかし、よく調べてみると、ネットの多くは、これが大事だと書いてあるだけでどう活用するのかについて記述しているサイトはごく少数だと思います。ちなみに、活用を説明しているサイトを私は見つけることができませんでした。

「経営環境に適応する」とは、「KFSを手に入れる」ことです。

適応することが大事だとそれだけ言っても実践がなければ何の意味もありません。

KFSを見つけ、それを手に入れる努力が、経営環境に適応することを意味します。

では、KFSはどのようにして見つけるのか。


KFSは、会社の商品、対象とする顧客、事業分野、業態、規模、業界内の地位、生産体制や業務プロセスによって違います。


本書で出てきた電気部品卸売業の会社の例で説明します（116ページ）。

この会社は、事業分野を卸売業から「電機メーカーのコストダウン支援業」と再定義しました。

卸売業であれば、「適正な在庫管理の実現のための在庫管理システムの構築・運用」などがKFSとして考えられますが、「コストダウン支援業」のKFSは、「コストダウンのノウハウ保有」と、この社長は考えました。

それを実現するための施策として、商品開発や技術開発の人材の採用、組み立て事業のノウハウ入手と組み立て事業のための設備投資に当時の利益を投入し、その後、電機メーカーとの取引を拡大し、さらに他業種のメーカーからの受注も増やし、業績を大幅に伸ばしたのです。

この会社のようにKFSを見つければ、そのための施策を検討し、手に入れることに注力するだけです。

参考までに、私のクライアントのKFSの例をいくつか挙げておきます。繰り返しますが、KFSは、会社の商品や対象とする顧客、事業分野や業態、事業規模、業界内の地位、生産体制や業務プロセスによって違います。会社内に、事業や商品がいくつもある場合、それぞれ別のKFSがあるというケースもあります。

金属加工業のKFS例

▽「金属加工技術の開発による加工製品の拡大」

【経営環境】

メーカーの下請けであることから、営業部隊が社内に不在。

顧客環境が変化していることから、営業部隊を強化しても新たな受注を開拓できない。

メーカーの変化を踏まえ、今の技術に加え、新たに加工できる素材や技術を開発することで、新たな受注や新たな取引先を開拓できる。

食品メーカーのKFS例

▽「商品開発・商品企画力の強化」

【経営環境】

製造加工技術は、製品があってこそである。

短時間で大量に製造することができても、現在の得意先は大量消費の環境にはない。

少量多品種生産の強みを前提として、顧客に支持される商品を開発することが最重要ＫＦＳである。

旅館業のＫＦＳ例

▽宿泊部門　「近隣県個人顧客に対する販売方法の確立」
▽調理部門　「料理原価、調理利益の予実管理」

【経営環境】

稼働率を上げると単価が落ち、稼働率と客数に比例してコストが増加する。さらに、遠方から顧客を集客するには、販促コスト（集客コスト）が増加する。当社の強みは、高単価で販売できる客室があることであり、これを本当の商品と位置づけ、この客室の販売に集中する。そのための販売方法を確立する。さらに、調理部門を製造業と捉え、工夫を凝らして価値を上げるとともに、予実原価管理、材料ロスの大幅削減によっ調理利益を獲得する。

運送業のＫＦＳ例

▽「ドライバー、配車、管理者の仕事の仕方の改革　～現場の業務改革」

【経営環境】

車を走らせれば利益が出ていたのが、走っても利益が出ない構造に。単価を引き上げることは難しく、コストを下げることも難しい。運送業の利益はドライバーの技術と意識、配車ノウハウによって左右される。よって、ＫＦＳは、「仕事の仕方の改革」であると捉え、仕事の仕方を変えるために、得意先、トラック別利益のクロス管理システムの活用、配車ノウハウの標準化と管理者、ドライバーの育成に取り組む。

介護施設向け給食会社のＫＦＳ例

▽「調理方法の標準化と調理技術の開発」

【経営環境】

材料ロスや料理方法、調理技術のバラツキが利益を失う原因である。一方、売上の安定がこの事業の強みである。よって、調理技術が高いレベルで標準化され、それが働く従業員に定着していることが成功のカギである。

手順④ ＫＦＳを手に入れ、計画を立て実行に移す

ＫＦＳを手に入れるのは、単年度ではできないことがほとんどです。

先の電気部品卸売業やＫＦＳの例に挙げた会社からもわかるように、ＫＦＳを手に入れる取り組みは、どれも1年でできるものではありません。

新たな技術開発や商品開発、新しい事業分野や商品分野への参入、管理システムの導入や人材育成など、どの政策をとっても数年かけて取り組んでいかなければできないことばかりです。（注）ＫＦＳを手に入れるための取り組みのことを政策と呼んでいます。

このＫＦＳを獲得する計画のことを「戦略的中期経営計画」と呼んでいます。

「戦略的中期経営計画」は、一般的な数値計画を主とするような中期経営計画ではありません。ＫＦＳという経営戦略のゴールを獲得する計画です。

この**「戦略的中期経営計画」こそ、あなたの会社の今と未来の利益と存続を保証するもの、すなわちＫＦＳを手に入れる方法を表したもの**です。

あなたの会社に、「戦略的中期経営計画」はありますか？

もし、まだないというのであれば、今と未来のあなたの会社のために持っていただくことをお勧めします。

3

経営戦略の落とし穴

弱みを改善するな

ＫＦＳを手に入れるプロセスで、とても多くの人が陥ってしまうことがあります。

それは、ＫＦＳを見つけ、手に入れる政策を検討するときに、自分の会社の悪い点、弱い点に目がいってしまうことです。

弱みをいくら改善しても、それでＫＦＳを手に入れることはできません。

強みに目を向けること。

これが、ＫＦＳを手に入れる重要ポイントです。

映画会社の例を思い出してください。
映画会社の強みは、
・有名で一流の俳優陣
・最高の監督とスタッフ
・最高の撮影機材
・製作ノウハウ
・各地にある映画館
・広告宣伝ノウハウ
です。
一方、弱みは、
・製作に多額のお金がかかる
・製作に時間がかかる
・ヒットするかどうかはやってみないとわからない
・お客さまに映画館に来てもらわないと売上（収益）にならない
などです。

映画会社の例で説明しましたが、強みを活かす戦略を採ることができていれば、間違いなく、映画会社が衰退することはなかったと言えます。なぜなら、映画会社の強みのどれ一つもテレビは持っていなかったからです。

映画会社が強みを活かした場合の戦略は、すでに第3章でお伝えした通りです。

強みこそ、KFSを手に入れる武器

ある金属部品の下請け加工会社の話です。

この会社は、社長のトップ営業の結果、ある機械メーカーと取引を始めることができることになります。

取引が始まると、実直な仕事ぶりが気に入られ、少しずつ受注が増え始めます。そうして経営も安定し、資金繰りにも余裕が生まれるようになってきます。

しかし、いつまでもこの状況が続くわけはなく、競合が現れ、単価による受注合戦になってきます。

このとき社長は、受注がとれなくなってきたのは営業がいないからだと考え、中途採用で営業マンを採用し、機械メーカーをはじめ、得意先各社に訪問する件数、頻度を増やし、見積りをたくさん出すように指示します。営業強化策です。

実は、この会社は、機械メーカーからの下請けで売上を伸ばしてきたことから、営業マンがいなかったのです。営業マンをおいて置く理由がなかったのです。いたのは営業マンの代わりに受注の窓口となる社員でした。

この会社は、営業マンを採用し、営業活動を強化したにもかかわらず、売上はなかなか伸びず苦戦を強いられます。売上が伸びるどころか、営業マンの採用や営業経費の増加で支出が増え、収益は悪化していきます。

収益の悪化を補うために今まで貯めてきた預金を取り崩し、それでも資金繰りが苦しい状況が続いたことで、借り入れが増えていきます。

このようなときに、景気そのものの悪化や世の中の急激な変化が起きると、たちまち会社は経営危機に陥ってしまいます。

この会社はいったい何が悪かったのでしょうか。

成熟している業界や業種では、営業強化戦略はＫＦＳにはなりません。

金属部品加工のマーケットはすでに成熟しています。

ちなみに、成熟市場においては、商品開発がＫＦＳであるとも言われます。

ここで注目すべきなのは、この会社の経営者が自社の弱い点を強化しようとしたことです。自社に営業力がないと認識をしていたからこそ、それを強化しようと考えたのだと思います。「売る努力が大事なんだ」という誰しも陥りやすい考えになり、営業を強化したのかもしれません。


ＫＦＳの観点から考えると、やるべきことは、弱みの補完や改善ではなく、強みのさらなる強化です。


金属部品の下請け加工業の強みは、長年にわたって蓄積してきた加工ノウハウ、加工技術のはずです。

営業力を強化するのではなく、世の中の変化、環境の変化を読み取り、現在の技術に加え、新たな技術開発によって加工できる素材や加工法の幅を広げ、加工できる部品を増やしていくべきだったのです。

そうして、高めた加工技術や加工法、加工可能な素材を得意先であるメーカーに提案することで受注を獲得する戦略を採るべきだったのです。

先ほども言いましたが、このようなことは単年度でできることではありません。数年かかることです。

前述（116ページ）の電気部品卸売業の経営者は、利益を捨ててでも将来のために投資をし、さらにその取り組みが数年続くことも視野に入れていました。

ＫＦＳは、単年度で獲得できるものではなく、数年かかってやっと獲得できるものであり、だからこそ、中期的な視点で取り組んでいくことが求められるのです。

4 目標を手に入れる技術

事例「私」

本書では、ここまで「売上高の確保」について、3つのコラムで「売上を伸ばすための実践的理論や戦略」について説明してきました。

ここでは、もう一つ、売上目標を達成する技術について、私（＝著者）を事例に挙げてお伝えしたいと思います。

私に与えられた目標

私が新卒で入社したキーエンスは、営業利益率や経常利益率、株価などが日本一になったこともある高収益企業です。この高収益企業で求められたことは毎月の売上目標と付加価値目標の達成でした。

このあと、27歳で経営コンサルタントに転身しました。今までセンサーや制御機器といった形のあるものを販売していたのが、経営コンサルティングという形のないものを指導先に買ってもらうことになりました。そして、このときも受注目標の達成が求められました。

その後、34歳で独立し、やはり大事なことは仕事の確保、すなわち受注の獲得でした。多くの経営者やビジネスマンと同様、私もキーエンス時代から現在まで、常に売上目標（付加価値目標も含む）の達成が求められてきました。

私の成果

今からお伝えする方法を実践してきた、私の成果は、次の通りです。明確に、数値を出すのは控えさせていただきますが、想像していただくのはかまいません。

キーエンス時代

営業成績は、常に上位でトップクラス。

サラリーマンコンサル時代

当初は苦労したが、7カ月目に初めてコンサルティング契約を受注。
3年後には自分で開拓したクライアント約10数社を持ち、年売上4000万円。

独立から1年間

一切の指導先を引き継ぐことなく、クライアントゼロで独立。
独立から1年後には、30社のクライアントを持つ。

その後から現在まで

独立から23年、経営環境がさまざまに変化するなかにあっても、事業分野と顧客・商品の再定義、ＫＦＳ獲得の取り組みによって、独立時と比べて５倍の売上を10年以上続け、一人の経営コンサルタントとして、きわめて高い生産性を維持している。

目標を達成し続ける、その方法

大きな環境の変化もあったなかで、私が、キーエンスから現在までの間、どのような方法で成果を生み、目標を達成し続けてきたのか。

それは、すでに説明しましたアンゾフの製品・市場マトリクス（１０６ページ）とＡＭＴＵＬの法則（１６７ページ）によって、売上達成のための戦略的方向性を定め、行動面では、目標の細分化と確率論、時間生産性の、３つに取り組み続けてきたからだと断言できます。

ただし、本書でお伝えしてきた経営環境の変化を予測し、事業分野の再定義と本当の顧客、本当の商品の再定義を適時行っていることが大前提です。

これらなくして、いろいろ施策を打ったところで、成果が生まれない事業や商品では勝負になりません。

ここからは、目標の細分化と確率論、時間生産性について、お伝えしたいと思います。

まず、「目標の細分化」とは、

①会社の売上目標を個人目標にまでブレイクダウンすること

②金額で示された売上目標を、件数で示した行動目標に変えること

を意味します。

①はおおよその内容が想像できるのではないかと思いますので、説明は割愛し、②の「金額で示された売上目標を、件数で示した行動目標に変えること」について説明したいと思います。

金額を件数に変えろ

たとえば、売上目標1000万と言われても、この1000万を達成するためにどういう行動をすればいいのか、よくわかりません。

月の目標を進捗管理している会社もあると思いますが、1000万の売上に対し、「今週は200万とれたから、あと残り3週で800万だ」「今週は、400万プラスで、残り400万だ」と、毎週金額で進捗管理しても、営業マンにハッパをかけるだけで、それ以上の効果は低いと思います。

私のように、顧客ゼロで独立し、クライアントを紹介してくれる人もいない者にとって、大事なことは、自分自身で、確実に短期間で顧客を獲得し、売上を上げ、お金を手に入れることでした。

そこで、売上金額を管理するのではなく、**金額を「件数」に置き換え、その「件数」を進捗管理することで、「次は、何をやらなければいけないのか」「どれだけの活動量が必要なのか」を明確にする**ことに注力したのです。

たとえば、売上目標1000万を実現するには、4件の受注が必要だとすると、「今週までに2件受注できた。残り2件だから、あと2週間のうちに、コンサルティングの提案を3件したい。そのためには、先月のセミナー参加者に無料小冊子の案内を30件送ろう」と、**金額を追いかけるのではなく、売上目標につながる行動とその件数を達成する**ことに注力しました。

このように、売上目標を達成するために必要な行動件数（行動指標）を導き出すのに**「確率論」**が役に立つのです。

確率と平均をつかめ

確率論を活用をするうえで、**大事なことが2つあります。**
ひとつは、ステップアップ確率を把握することです。

たとえば、

【見込客発掘】→【提案】→【阻害要因解決】→【受注】

というセールスステップがあるとした場合、【見込客】から何件【提案】し、何件【受注】できたのかという、それぞれのステップアップ確率の実績を把握しておくことです。

私の場合は、キーエンス時代から今に至るまで、私個人のステップアップ確率を把握し活用してきましたが、営業部門として管理するときは部門の平均確率が必要になります。

あなたの会社で必要な確率を把握してください。

もう一つは、平均受注単価（**平均販売単価**）**を把握すること**です。

先ほどの１０００万の場合、達成には４件の受注が必要なわけですから、平均受注単価は２５０万です。

あなた自身、あるいは会社や営業部門の平均受注単価を把握することで、売上目標を平均受注単価で割ると、売上目標を達成するのに必要な受注件数が算出されます。

これで、売上目標（金額）を達成するために必要な受注件数や販売件数【成果指標】と、それを実現するためのセールスステップごとの必要な件数【行動指標】がつかめました。

「原因である行動」と「結果である売上目標」が、一本の紐でつながったということです。

あとは、原因となる行動を実践し、毎日毎週進捗管理するだけです。

時間生産性を理解せよ

「時間生産性」は、$\frac{成果}{時間}$で表されます。

（注）この時間生産性は、「単位時間当たりでどれだけの成果を生み出しているか」を表し、会社の生産性を数値で把握する際に使います。

ここでは、「成果」を売上として説明します。実際に活用する際には、売上以外の数値も多用します。

この時間生産性が、とくに重要となるのは、経営者や営業、製造など、会社で直接成果に関係している人たちです。

事務などの間接部門の方々は、成果の定義を売上や利益ではない、別のものに置き換えて考えてください。成果の定義を変えることで、その部門や職種に合った別の考え方ができます。

目標金額を件数に置き換え、確率論から、「何を、どれだけすべきか」がわかった私にとって、次に重要なことは、「確率論から導き出された行動指標を限られた時間で、確実に実行するためには、どうすればいいのか」でした。

顧客ゼロで独立した私にとって、早く成果を獲得するために、これも重要な問題だったのです。

「成果は時間の使い方の結果である」ことを、時間生産性は表しています。

この時間生産性を知った私は、成果を獲得するためにどうすれば良いかと考えるのではなく、**分母の「時間」に注目**しました。

最小の時間で最大の成果を獲得するために、**分母にある「時間」を減らそうと考えた**のです。

時間には、成果を生み出す時間（直接時間）と成果を生み出さない時間（間接時間、付帯時間）があります。

この成果を生み出さない時間を減らすのです。

成果を生み出す時間を増やすことよりも、成果を生み出さない時間を減らすことのほうが実践しやすいことを、私は経験から知っていました。

成果を生み出さない時間、すなわち書類作成や会議、打ち合わせ（SkypeやZOOM含む）、移動、そして電話やメールなどの時間を減らすことに取り組んだのです。

ちなみに、必要な移動があり、移動時間をどうしても減らすことができないときは、その移動時間に成果を生み出すための準備などの仕事を埋め込み、移動時間から成果を生む準備時間に変えるようにしています。

時間生産性（A）

１日の労働時間が８ｈ、22日働くとして、１カ月で１７６ｈ。
１カ月の売上が１０００万だとすると、１０００万／１７６ｈ。
１ｈ当たり５・６万。

時間生産性（B）

１日の労働時間が８ｈ、22日働くとして、１カ月で１７６ｈ。
うち、成果を生み出す時間を52ｈだとすると、
残り１２４ｈが、会議や打ち合わせ・移動・書類作成など。
１カ月の売上が１０００万。
１０００万／52ｈから、１ｈ当たり19・２万。
仮に、52ｈが68ｈになれば、（68ｈ－52ｈ）×19・２万＝３０７・２万
１０００万＋３０７・２万＝１３０７・２万
（１０００万→１３００万　30％アップ）

経営や営業は、勘や憶測ではなく、科学的に、論理と確率と計算で考えることが重

要です。

私は、後者の（B）を時間生産性と捉え、176h以上働いて成果を上げるのではなく、176hはそのままで、成果を生み出さない124hを知恵と工夫で減らして、確率論から算出された必要な行動件数を実行する時間を確保し、成果を生み出す時間52hを増やすことに注力したのです。

成果を生み出す時間52hを、仮に30％増やすことができれば、成果である1000万も30％増える可能性があるはずです。

当然、この計算には、経営環境や商品力・営業力・顧客の都合など、さまざまなことが要因として絡んできます。

「経営環境が悪いから、そうはいかないよ」

「商品力や営業力は、そう簡単には変わらないよ」

「いくら頑張っても、顧客の都合があるんだから」

こう言われるかもしれません。

しかし、私は、自分の力でどうにもできないことに対し、どれだけ文句を言っても、どれだけ時間を費やしても、何も変わらないことを、経営コンサルタントの仕事から学びました。

「自分にできることを見つけ、そのことに集中する」

これが大事だと考えています。

成果をあげるための秘訣を一つだけ挙げるならば、それは集中である。

『経営者の条件』

このようなことに取り組んできた私の結果は、すでにお伝えした通りです。

大した成果ではないかもしれませんが、これらの取り組みを続けてきた私は、目標を手に入れる技術と自信を手に入れることができました。

大事な仕事と成果を生まない仕事

書類作成、会議や打ち合わせも大事な仕事の一つだと言うかもしれません。

たしかに大事な仕事です。しかし、それが成果を生み出す時間だとは言えません。

仮に、10枚の書類を作って1万円の売上が上がるのであれば、単価が高いか低いかどうかは別として成果を生み出す時間と言えます。

ところが、重要な会議で使い、客先に提出する書類であっても、直接売上を生み出していないのであれば、成果を生み出す大事な時間が減ってしまう大きな原因です。

お客さまとの電話やメールも同じです。

お客さまとの電話の時間に比例して、お客さまに対する売上額が増えるのであれば、成果を直接生み出す仕事ですが、おそらくそのような会社はないはずです。

私が、クライアント企業で見てきたのは、**成果を生まない時間を減らそうとしないと、成果を生む時間が成果を生まない時間に吸い込まれてしまい、どんどん成果を生む時間が減っていく**ことでした。

この仕事が大事かどうかを考えるのではなく、直接成果を生んでいるかどうか。

これが、時間を減らす仕事かどうかの基準です。

時間生産性に対する批判

こういうことを言うと、必ずと言っていいくらい、次のような意見が出てきます。

「成果につながる仕事だけが仕事ではない。そうでない仕事も大事な仕事だ」

「書類作成の仕事が成果を生んでいないのであれば、私がしている事務の仕事は意味がないのか」

「成果のことばかり考えていると、ギスギスして、サービス低下につながる」など。


会社で行われる仕事は、すべて大事な仕事です。

お客さまにお茶を出す仕事一つをとっても大事な仕事です。そこには、価値があります。


しかし、この価値は、勝手に生まれるものではなく、その仕事を行っている人が価値を付けなくてはいけません。

たとえ、お茶くみの仕事であっても、お客さまに出すのであれば、「いつもありがとうございます」と思い、そう思ってお茶を出せば、お茶を出すこの人の顔は笑顔になり、その笑顔を見た社員もお客さまも気持ちが和やかになり、取引するに値する会社だと思ってくれるかもしれません。

現に、当社の社員の電話応対や接客応対について、多くのお客さまや関係者から高い評価の声をいただきます。

このことで、私に対する信頼も上げてくれていることは間違いありません。

ただ、これは間接部門の人の場合です。

成果を生み出すことが求められている部門の人たちが、成果を生み出していない仕事に価値を付け、「これも大事な仕事だから、この時間を減らすわけにはいかない」と言っているようでは困るのです。

成果を生み出す役割

大事な仕事かどうかが判断基準ではなく、**「直接成果を生む仕事かどうか」**が、「こ

の仕事の時間を減らすかどうか」の基準です。

もし、あなたの会社の社員の多くが成果を生まない仕事も大事だと言って、成果を生まない仕事ばかりをやったとして、あなたの会社は存続できるのでしょうか。

大事な仕事であっても、時間を減らすことは必要なのです。

会社の組織には役割があります。

成果を直接生み出す仕事をする人と、この人たちを支えサポートする人。

一人ひとりの役割において、それぞれの仕事の価値を生み出そうとすることは重要です。

そのうえで、**成果を直接生み出す仕事の役割の人は、成果を生み出す時間を増やし、成果を生み出さない時間を減らすべき**です。

「時間生産性」の冒頭に書いたように（213ページ）、事務部門や間接部門の方々は成果の定義を変えて、考えたほうがしっくりくると思います。

「成果のことばかりを考えていると、サービス低下につながる」ことについても、仕事の価値をいかに高めるかという視点から考えます。成果を生まない仕事のサービスを低下させず、逆にその価値を高めながら、その仕事にかかる時間を減らすことを考えることがこの仕事を行う人の役割だと思います。

いろいろな意見や考え方があると思いますが、私の取り組みを参考に、あなたなりの目標を手に入れる技術を構築してください。

ちなみに、今紹介をしたことに取り組んでいる私は、コロナ禍が勃発した2020年も目標を達成しています。おそらく2021年も達成すると思います。

そして、もう一つ、私がクライアントにも指導しながら、自分でも実践していることがあります。

それが、このあとお伝えする「戦略的中期経営計画」です。

この「戦略的中期経営計画」によって、経営環境の変化を捉え、事業分野と本当の顧客、本当の商品を再定義し、常に最新のKFSを手に入れています。

5 新「戦略的中期経営計画」を策定せよ

新たな「戦略的中期経営計画」

ここでは、KFSを獲得する計画、「戦略的中期経営計画」の策定手順をお伝えしたいと思います。

本書でお伝えしてきた経営戦略に一つずつ取り組むことも可能ですが、「戦略的中期経営計画」を策定することで、あなたの会社を的確に分析し、あなたの会社に必要な経営戦略を見極め、今の利益を増やすだけでなく、環境変化に適応したKFSの獲得、そして組織力の強化、財務体質の改善を、確実に実現することができます。

計画というと、人それぞれイメージや先入観を持っていますが、この「戦略的中期経営計画」は、多くの経営者が知っている中期経営計画ではありません。

売上、利益、経費が並んだ数値計画でも、流動比率といった財務分析の改善でも、できない数値を並べた机上の空論の計画でもなく、名称通り「あなたの会社が中期的に存続成長を実現するためのＫＦＳを手に入れ、戦略的計画を実行推進するためのもの」です。

この取り組みを間違いなくするために、「経営戦略」という武器を使って策定します。

実は、この「戦略的中期経営計画」は、私が名付けたものではなりません。元々は、私がコンサルタントとして転身し、お世話になっていた日本エル・シー・エー（日本ＬＣＡ）のトップコンサルタントであった当時の会長が名付け、世の中に発表したものです。その後、日本ＬＣＡが事実上消滅した後、日本ＬＣＡの元コンサルタントやベンチャーリンクの元社員がコンサルタントとして独立し、「戦略的中期経営計画」という名称で経営体質改善計画の策定を指導しています。

私もその一人です。

しかし、中小企業を取り巻く環境は当時と大きく変化し、リスケ企業が増加し、リスケの出口を出ることができない企業が増えています。

ＫＦＳ同様、経営環境の変化にこの「戦略的中期経営計画」も対応すべきだと考え、内容を大幅に見直し、新「戦略的中期経営計画」とアップデートしました。

現在、黒字企業の黒字率アップや成長企業のためだけでなく、リスケ企業がリスケから脱却するためや赤字企業の建て直し、なかにはお金持ち企業へと、私のクライアントの多くが、さまざまな目的を持って、この新「戦略的中期経営計画」を策定し、事業の成長を実現しています。

この新「戦略的中期経営計画」は、本章で説明してきた経営戦略を取り入れ、日本ＬＣＡ時代よりも、中小企業経営者がＫＦＳを見つけ、取り組みやすくするとともに、20数年にわたって携わってきたリスケや会社再建、そして事業再生のコンサルティングの経験から、短期間で黒字化し、会社を建て直す手法を加えています。

新「戦略的中期経営計画」は、５つの構成に分かれています。

１つめは、今の利益を増やす収益構造に関する抜本的改善計画。

2つめは、3年後の存続と利益を保証してくれるKFS獲得計画。

3つめは、KFS獲得計画を実行する組織力強化計画。

4つめは、資金繰りや借入返済、不良資産、自己資本などの財務体質を改善する財務体質改善計画。

5つめは、銀行などとの取引円滑、正常化に向けた金融機関との取引交渉改善計画。

では、詳しくご紹介していくことにします。

新「戦略的中期経営計画」の中身

新「戦略的中期経営計画」が、どのような内容のものかについて、説明しておきたいと思います。
本書ですでに、この計画のなかの①と②について、限られたページですが説明をしていますので、あなた自身で策定することもできるはずです。
手順① 現在の収益構造改善の抜本的計画の策定
手順② KFS獲得計画の策定

手順③　組織力強化計画の策定
手順④　財務体質改善計画の策定
手順⑤　金融機関との取引交渉改善計画の策定
手順⑥　推進管理体制の検討と計画実行推進

手順❶　現在の収益構造改善の抜本的計画の策定

選択と集中と貢献利益重視戦略を活用し、短期間で今の利益を増やします。

①現在の顧客別、商品別貢献利益の把握と選択と集中
・貢献利益管理システムの構築
・顧客と商品についての選択と集中戦略の実践
・貢献利益改善目標の設定

②販売単価と販売数量の戦略の検討
・売上の分解と売上最大化戦略の検討

③費用削減戦略の検討
・変動費削減の検討（単位当たり変動費の削減）

・業務や会議、書類作成などの行動そのものを削減する
・行動プレシンキングの実施

④収益構造改善の実行計画の作成
・収益構造改善実行計画の作成
・収益改善ＰＬの作成

手順❷　ＫＦＳ獲得計画の策定

３年後のあなたの会社の利益と存続を保証してくれるＫＦＳを獲得します。

①経営環境の把握とＫＦＳ
・過去から現在に至るまでの経営環境の把握
・過去から現在までの環境変化に対応する過去ＫＦＳの把握
・今後の経営環境の変化を予測

②事業分野の再定義
・我が社は何業か
・我が社の本当の顧客は誰なのか

・我が社の本当の商品は何なのか

③３年後（今後）のＫＦＳの検討

・３年後のＫＦＳを見つける

・３年後のＫＦＳを手に入れるための政策の検討

・政策の実行計画の作成

手順③　組織力強化計画の策定

現在の収益改善やＫＦＳ獲得、財務体質改善を実行推進するための組織体制と組織力を強化します。

①新戦略的中期経営計画を推進する組織風土の改善

・組織風土分析

・５つの視点からの組織風土改善計画の作成

②計画を実行する組織力改善目標の設定

・何のためにあなたの会社は存続するのか、何のためにあなたは会社を経営するのかを明確にし、共有する（経営目的、理念の明確化と共有）

・我が社のミッションは何なのか
・経営計画を実行する組織体制の見直し
・幹部、管理者の能力向上計画

手順④　財務体質改善計画の策定

現在の収益改善に加え、借入返済や調達の方針、不良資産処理、債務超過や自己資本の充実、そして、キャッシュ体質の改善を含んだ財務体質を改善する計画を策定します。

①　BSの体質改善
・PLとリンクした借入返済と調達計画の作成
・不良資産の処理方針
・債務超過や自己資本など、BS全体の体質改善計画の作成

②　キャッシュの体質改善
・資金繰り改善計画の作成
・キャッシュフロー（CF）改善計画の作成

③中期BS、PL、CFの改善目標の設定

手順⑤　金融機関との取引交渉改善計画の策定

現状の取引状況とKFS、今後の資金調達返済を踏まえ、金融機関との取引をベストの状態にします。

①借入返済、調達方針に基づくバンクフォーメーションの見直し
・調達手法と調達計画の作成
・財務資料開示ルールの明確化
・金融機関との取引窓口と意思決定プロセスの明確化

②金融機関との日常取引の標準化
・財務資料の開示とタイミング
・新戦略的経営計画の説明と共有

③リスケの場合、リスケ脱却に向けた金融機関取引正常化計画の作成
・信頼関係構築法の実践
・現在の金融機関との取引状況を踏まえ、金融機関を巻き込んだ取引正常化計画の

作成

手順⑥　推進管理体制の検討と計画実行推進

この計画を策定したあと、実際に進めていく際の人や部門の役割、その進捗をどう管理するのかについて検討します。

新「戦略的中期経営計画」について、お伝えをしてきました。

この新「戦略的中期経営計画」で行う経営環境の分析やＫＦＳ、経営戦略の策定を、企画部門や経営戦略部門がある会社は、その部門が策定する会社もあれば、戦略コンサルタントに策定を依頼している会社もあります。

しかし、中小企業ではそのような部門がある会社はとても少なく、戦略コンサルタントに依頼をすることも少ないと思います。

中小企業こそ、戦略的経営が必要な会社であるにもかかわらず、なかなかその体制や機会、情報がないというのが実情のようです。

本書でお伝えをしてきましたように、経営戦略や経営理論は、中小企業の売上を伸ばし、利益を増やし、存続を保証してくれるものです。

新「戦略的中期経営計画」は、この経営戦略や経営理論を、中小企業が活用し成果を生み出せるように体系化された「経営戦略策定プログラム」です。

私は、この新「戦略的中期経営計画」の策定をコンサルティングしていますが、自社でできるという方は、ここまでお伝えをしてきた中から、一つでも、二つでも、是非、あなたの会社で取り組んでいただきたいと思います。

よく言われることですが、知っただけでも学んだだけでも何の意味もありません。

あなたの会社に、いかに取り入れ実践するかです。

最後に、あなたの取り組みを応援する意味で、次の文章を掲げておきます。

いかなる知識と言えども行動に転化しない限り無用の存在である。しかし、行動の前には計画しなければならない。

『経営者の条件』

おわりに

中小企業経営者の関心事は、売上と利益と借り入れの3つです。

事業承継などにも関心はあると思いますが、売上や利益、借り入れの状況によって事業承継の方針も大きく変わります。

借り入れも、売上や利益の状況に大きく左右されます。

こう考えると、経営者の最大の関心事、かつ重要事は、売上と利益だと思います。

この売上と利益に関する理論や戦略は多くありますが、知ってはいても実行しているという経営者は、中小企業では少ないようです。

その時その時、知ったり勉強したことを実践したり、経営戦略理論は聞いたことがあっても、その活用の仕方がわからないというのがその理由のようです。

経営戦略理論は、本書でご紹介した以外にも、ランチェスター戦略、マズローの欲求5段階、コトラーの競争地位戦略、ポーターのファイブフォースと3つの競争戦略、ＢＣＧのＰＰＭ、パレートの法則、アメリカで生まれたダイレクトレスポンスマーケティングなど、数多くあります。

そして、意外にも多くは、第一次世界大戦以降から１９９０年代までに調査研究され、発表されてきたものです。現在と全く違う時代に研究され発表されたにもかかわらず、その有効性は、今でも全く衰えておらず、その再現性と普遍性には驚かされるばかりです。

アメリカなどでは、これらの戦略理論は、大企業だけでなく、中小企業やベンチャー企業でも学ばれ、活用されています。

アメリカのベンチャー企業や中小企業の成長スピードの速さは、これだけが理由ではないにしても、自社の経営のベースに、戦略理論を活用していることは間違いありません。

本書でも書きましたが、私自身もサラリーマンコンサルタントの時代から、戦略理論を自分に当てはめて活用してきました。

私は自分の経験から、日本の中小企業経営者の方々にも、経営戦略理論を経営に活かし、我流経営から、経営戦略に裏打ちされた経営にチャレンジしていただきたいと思っています。必ず、あなたの会社経営のステージをひとつ上げることができるはずです。

あなたの会社に経営戦略を取り入れ、実践するときに注意しなければいけないことが二つあります。

一つは、「集中する」ことです。

あの会社がこれをやっていると聞いたから、この本が売れていると聞いたからといって、いろいろな方法や戦略に手を出すのはお勧めできません。

これと決めた戦略理論を信じて、集中して取り組むことです。

もう一つが、「選択を間違えない」ことです。

「売上を増やしたいから、新規開拓戦略だ」という考え方は選び方を間違っています。売上を増やしたいという会社の状況を踏まえて戦略を選ばなければなりません。

売上を増やしたい背景に、商品価値が陳腐化しているのであれば、新規開拓をする前に、商品や事業の再定義を行い、商品開発や商品価値を上げる取り組みをまず行わなければなりません。

本当の原因をつかまずに、売上を伸ばそうと考え、経営戦略にいくら取り組んでも、取り組んだ時間やコストの割に成果は出ることがありません。

あなたの会社の状況を踏まえたうえで、取り組むべき戦略を見つけてください。

会社の現状を踏まえる方法が、本書で説明した「経営環境を把握し、KFS（成功要因）を見つけること」です。

何をするかを考える前に、経営環境を把握し、KFSを見つけ、それを手に入れるための戦略を選べば、選択ミスをすることはありません。

本書が、あなたの会社の現在の利益を増やし、未来の存続のためのKFSを手に入れ、経営戦略を活かした戦略的会社経営の一助となれば幸いです。

著者　桐原　浩一

❖参考文献

『創造する経営者』ピーター・F・ドラッカー著（ダイヤモンド社）
『ポスト資本主義社会』ピーター・F・ドラッカー著（ダイヤモンド社）
『実践するドラッカー　利益とは何か』佐藤　等　編著（ダイヤモンド社）
『マネジメント』ピーター・F・ドラッカー著（ダイヤモンド社）
『お金をかけずにお金を稼ぐ方法』ジェイ・エイブラハム著（PHP研究所）
『企業戦略論』H・I・アンゾフ著（産業能率大学出版部）
『現代の経営（上・下）』ピーター・F・ドラッカー著（ダイヤモンド社）
「マーケティングマイオピア」T・レビット著（「ハーバード・ビジネス・レビュー」2001年11月号　ダイヤモンド社）
『未来への決断』ピーター・F・ドラッカー著（ダイヤモンド社）
『経営者の条件』ピーター・F・ドラッカー著（ダイヤモンド社）

著者紹介

桐原浩一（くにはら・こういち）

経営コンサルタント。KRB コンサルタンツ株式会社代表取締役社長。

認定事業再生士（CTP）。黒字メソッド® 実践会主宰。

1964 年大阪生まれ。

指導社数 1019 件、相談件数 3575 件、再生件数 352 件、一年黒字改善率 91.3%の実績を持つ。（2021 年 1 月現在）

なかでも、「黒字化」「リスケからの再建」「第二会社による事業再生・事業承継」に関しては、日本屈指のスペシャリスト。

「黒字化」は、一年で黒字にする「黒字メソッド®」を確立し、９割を超える。

「リスケからの再建」については、黒字メソッド® によるＢＳ、ＰＬの改善、金融機関との信頼構築を指導し、数多くのリスケ脱却を実現。

「第二会社による事業再生・事業承継」は、100%の成功率を誇り、債務ゼロ化の再生社数は、日本トップクラス。

さらに、黒字メソッド® と世界最高の経営理論を基に作り出す経営戦略は、資金繰りで悩む企業はもとより、環境変化に適応する黒字成長企業を輩出している。

著書に『会社にお金を残す経営の話』（あさ出版）他多数。

● KRB コンサルタンツ株式会社　https://krbcg.co.jp/

今《いま》と未来《みらい》の利益《りえき》を増《ふ》やす
社長《しゃちょう》のための経営戦略《けいえいせんりゃく》の本《ほん》

〈検印省略〉

2021年　6　月　28　日　第　1　刷発行

著　者――桐原 浩一（くにはら・こういち）
発行者――佐藤 和夫

発行所――株式会社あさ出版

〒171-0022　東京都豊島区南池袋 2-9-9 第一池袋ホワイトビル 6F
電　話　03（3983）3225（販売）
　　　　03（3983）3227（編集）
ＦＡＸ　03（3983）3226
ＵＲＬ　http://www.asa21.com/
E-mail　info@asa21.com
印刷・製本　美研プリンティング（株）

note　http://note.com/asapublishing/
facebook　http://www.facebook.com/asapublishing
twitter　http://twitter.com/asapublishing

ISBN978-4-86667-287-8 C2034